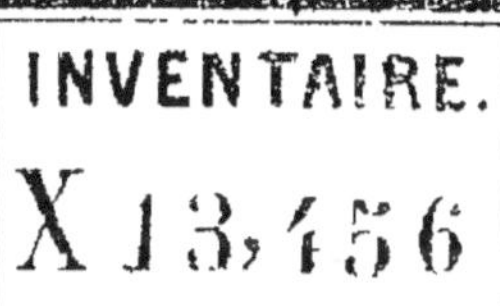

PUBLICATIONS DE LA SOCIÉTÉ NORMALE
(rédigées conformément à la loi sur l'instruction primaire).

NOUVELLE GRAMMAIRE

DES ÉCOLES PRIMAIRES,

AVEC DES EXERCICES
SYNTHÉTIQUES ET ANALYTIQUES, EN PROSE ET EN VERS,
SUR L'ORTHOGRAPHE, LA SYNTAXE ET LA PONCTUATION, TIRÉS
DU NOS MEILLEURS AUTEURS, ET OFFRANT
A L'ÉLÈVE UNE APPLICATION FACILE DES RÈGLES;

Par A. Bonnaire,

Auteur de la Grammaire française des commençants,
adoptée pour les collèges.

EXERCICES.

OUVRAGE DESTINÉ A ÊTRE APPRIS PAR COEUR, LU, ÉCRIT,
ANALYSÉ.

PARIS,

IMPRIMERIE ET LIBRAIRIE NORMALE
DE PAUL DUPONT ET Cie,
Rue de Grenelle-Saint-Honoré, n. 55.

1836.

NOUVELLE
GRAMMAIRE
DES ÉCOLES PRIMAIRES,

AVEC DES EXERCICES
SYNTHÉTIQUES ET ANALYTIQUES, EN PROSE ET EN VERS ;
SUR L'ORTHOGRAPHE, LA SYNTAXE ET LA PONCTUATION, TIRÉS DE NOS
MEILLEURS AUTEURS, ET OFFRANT
A L'ÉLÈVE UNE APPLICATION FACILE DES RÈGLES.

Par A. Bonnaire,

Auteur de la Grammaire française des commençants,
adoptée pour les colléges.

EXERCICES.

OUVRAGE DESTINÉ A ÊTRE APPRIS PAR CŒUR, LU, ÉCRIT, ANALYSÉ.

PARIS,

IMPRIMERIE ET LIBRAIRIE NORMALE
DE PAUL DUPONT ET Cie
Rue de Grenelle-St-Honoré, n° 55.

1835.

PARIS. — IMPRIMERIE DE PAUL DUPONT ET Cie,
Rue de Grenelle-St-Honoré, n. 55.

PRÉFACE.

Les *Exercices* que nous publions aujourd'hui son
les premiers qui paraissent dans ce genre. Ils sont le
résultat de longues observations sur les diverses mé-
thodes employées jusqu'à ce jour. Convaincu par l'expérience que les *applications à faire*, quelque faciles
qu'elles soient, sont encore au dessus de la portée des
commençants, nous avons cru que le moyen le plus
sûr pour graver dans leur mémoire les premiers principes de leur langue, c'est de leur présenter des *applications toutes faites*. Mais, me dira-t-on, quel travail
y aura-t-il pour l'élève ? celui de copier fidèlement son
livre ? Et n'est-ce pas déjà beaucoup pour des commençants ? Combien n'en voyons-nous pas chaque jour
pour qui c'est non seulement un travail, mais même
une peine ?

Pour bien juger de l'intelligence des enfants, il ne suffit pas d'avoir vu ceux de la capitale et des villes tant
soit peu importantes, il faut encore avoir parcouru
les diverses contrées de la France, et pénétré jusque

dans les écoles de village. C'est alors qu'on conviendra sans peine que ces *Exercices* remplissent parfaitement le but que l'auteur se propose, celui de donner un ouvrage qui convienne à toutes les écoles primaires. Voici, du reste, sous quels rapports avantageux on peut le considérer :

1° Il forme un *cours complet* d'ANALYSE, en même temps qu'un *cours* d'ORTHOGRAPHE, *de* SYNTAXE *et de* PONCTUATION ;

2° Le choix des pensées, des maximes, des fables, etc., qui le composent, en peut faire aussi un *cours de* LECTURES MORALES *et* INSTRUCTIVES, et tout à la fois un MÉMORIAL CLASSIQUE ;

3° De plus, comme nous avons eu soin d'indiquer à chaque numéro le nom de l'auteur d'où le passage est tiré, et que nous n'avons puisé que dans les meilleures sources, ces *Exercices* peuvent servir de *leçons de* LITTÉRATURE. Aussi est-ce dans ce dessein que nous y avons joint un *petit vocabulaire* contenant tous les noms des auteurs cités, avec l'indication de leur spécialité, de leur pays et du siècle où ils ont vécu. C'est donc encore une PETITE BIOGRAPHIE *de nos auteurs les plus célèbres* ;

4° Enfin la manière dont la *Grammaire* et les *Exercices* sont disposés permet de donner à un prix très modéré et auquel peuvent atteindre les parents des élèves des classes auxquelles ils sont destinés, des ouvrages qui contiennent autant de matières que beaucoup d'autres dont le prix est bien plus élevé.

INTRODUCTION.

La SYNTHÈSE est l'opposé de l'ANALYSE. L'*Analyse* est l'art de décomposer, la *Synthèse* est donc l'art de composer. Or, comme on ne peut décomposer sans avoir composé, il n'y a pas d'analyse sans synthèse. Aussi disons-nous que nos Exercices sont *Synthétiques* et *Analytiques*. En effet, non seulement l'élève y trouve des applications toutes faites ; mais encore en rapprochant les mots écrits en caractères particuliers, il est censé construire lui-même le corps dont il va diviser les parties, pour se rendre compte de chacune en particulier.

Ce qui est écrit en lettres majeures ou de même forme, est le premier objet de la règle ; ce qui en est le second objet est écrit en italique, de même que ce qui en est l'unique objet.

MANIÈRE DE SE SERVIR DE CES EXERCICES.

1° Les élèves apprendront par cœur un, deux ou trois numéros ;

2° Ils écriront les mêmes numéros sur un premier cahier ;

(Mais ils les devront écrire de manière qu'ils puissent les lire très couramment. Le maître ne saurait trop insister sur ce point.)

3° Ils souligneront deux fois les mots écrits en caractères petites capitales, et une fois ceux qui sont écrits en italiques ;

4° Ils analyseront les mots soulignés, d'après le modèle donné ;

5° Ils liront en classe les numéros écrits, un par un, alternativement ;

6° Ils les réciteront de la même manière ;

7° Pour économiser le temps, et rendre la correction plus profitable à tous les élèves à la fois, le maître fera épeler, à haute voix, numéro par numéro, les mots soulignés ;

8° Immédiatement après chaque phrase, il fera lire l'analyse, qu'il corrigera mot par mot ;

9° Il fera mettre au net, sur un second cahier, ce devoir corrigé ;

10° Il vérifiera ce second cahier, en faisant lire le devoir corrigé d'un bout à l'autre, avant de passer à un autre devoir.

L'élève verra donc les mêmes mots dix fois. Il n'est guère possible, après cela, qu'il les oublie.

EXERCICES

SYNTHÉTIQUES ET ANALYTIQUES

D'ORTHOGRAPHE,

DE SYNTAXE ET DE PONCTUATION.

PREMIÈRE PARTIE.

INTRODUCTION.

CHAPITRE PREMIER. — Des Lettres.

1. Ceux qui veulent s'instruire, ne sont jamais oisifs. (3)   (Montesquieu.)

Analyse. Dans *ne*, *e* est une *voyelle*, parce que c'est une lettre qui, seule, forme un son.

2. La faim regarde à la porte de l'homme *laborieux*, mais elle n'ose pas y entrer. (3)

(Franklin.)

3. La renoncule et l'œillet.

La renoncule un jour dans un *bouquet*,
   Avec l'œillet se trouva réunie :
Elle eut le lendemain le parfum de l'œillet.

On ne peut que gagner en bonne compagnie. (4)

Analyse. Dans *bouquet*, *b* est une *consonne*, parce que c'est une lettre qui ne produit un son qu'avec le secours des voyelles.

4. L'ennui est *entré* dans le monde par la paresse. (5)   (LA BRUYÈRE.)

ANALYSE. Le second *é* est *fermé* dans *entré*, parce qu'il
se prononce la bouche presque fermée.

5. Les paresseux ont toujours *envie* de faire quelque *chose*. (5)   (VAUVENARGUES.)

L'ÉCREVISSE ET SA MÈRE.

Ma fille, marchez droit, dit l'écrevisse *mère*;
Aller à reculons, fi ! cela n'est pas bien (*).
— Ma *mère* je ne veux vous contredire en rien;
Je vous suivrai; marchez, s'il vous plaît, la *pre-*
mière. (5)
(BRET.)

7. Il faut regarder comme une perte véritable
tout ce qu'on acquiert aux dépens de *l'nonneur*. (9)
(P. SYRUS.)

ANALYSE. La lettre *h* est *muette* dans *honneur*, parce qu'elle
ne se fait nullement sentir.

8. Un cœur ingrat trouve sa condamnation dans
la *naine* de tous les *nommes*. (9)   (CICÉRON.)

9. LE VIOLON CASSÉ.

Un JOUR tombe et se brise UN mauvais violon :
On LE ramasse, on le recolle ,
Et de mauvais IL devient bon.

L'adversité souvent EST une heureuse école. (12)
(THÉVENEAU.)

(*) L'écrevisse nage à reculons, en arrière.

ANALYSE. *Jour* est une *syllabe*, parce que ces lettres forment un son, et se prononcent par une seule émission de voix. De plus, *jour* est un *monosyllabe*, parce que c'est un mot d'une seule syllabe.

10. Les DÉFAUTS de l'esprit AUGMENTENT en vieillissant, COMME ceux du VISAGE. (12)

(LA ROCHEFOUCAULD.)

ANALYSE. *Défauts* est un DISSYLLABE, parce que c'est un mot de deux syllabes : la première est *dé*, la seconde est *fauts*.

11. Un travail INFATIGABLE surmonte toutes les DIFFICULTÉS. (12)   (VIRGILE.)

12. LE LÉZARD ET LA TORTUE (*).

Pauvre tortue, hélas ! s'écriait le lézard.
— POURQUOI PAUVRE ? — Quelle misère !
Sans porter la maison, tu ne vas nulle part.
— CHARGE UTILE DEVIENT LÉGÈRE. (13)

(GUICHARD.)

ANALYSE. *Pourquoi donc ?* est une *phrase*, parce que c'est une certaine réunion de mots qui forment un sens.

13. Les sentences sont comme des clous aigus qui enfoncent la vérité dans notre souvenir. (13)

(DIDEROT.)

ANALYSE. *Les sentences* forment un *alinéa*, parce que c'est le commencement d'un article marqué par une ligne rentrante.

14. Ne pensez pas gagner quelque chose, pour n'avoir aucun témoin de votre faute. En effet, celui en présence de qui nous vivons, sait tout. Rien n'échappe à Dieu. (13   (SÉNÈQUE.)

(*) La tortue est un quadrupède qui, renfermé dans une écaille épaisse et dure, marche avec une lenteur extrême.

15. L'ENFANT ET LA ROSE.

Un jeune enfant cueillant la rose purpurine (*),
En sentit la perfide épine ;
Et, poussant un profond soupir,
Vit qu'on paye bien cher un frivole plaisir. (14)

(ANONYME.)

ANALYSE. La lettre *u* est *majeure* dans *un*, parce que c'est un grand caractère; elle indique ici le commencement d'une phrase, et tout à la fois celui d'un vers.

16. *Socrate*, le plus éclairé et le plus sage des mortels, disait qu'il ne savait qu'une chose, c'est qu'il ne savait rien. (14)   (DIOGÈNE LAERTE.)

17. *Heureux*, dit très-bien *Platon*, l'homme qui peut, ne fût-ce que dans sa vieillesse, parvenir à être sage et à penser sainement. (14).   (CICÉRON.)

CHAPITRE II. — DES SIGNES.

18. LE SAULE ET LA RONCE.

Le saule dit un jour *à* la ronce rampante :
Aux passants pourquoi t'accrocher ?
Quel profit, pauvre sotte, en comptes-tu tirer ?
Aucun, lui *répondit* la plante ;
Je ne veux que les *déchirer*. (15)

(LE BAILLY.)

ANALYSE. Il y a un accent grave sur *à*, parce que c'est à préposition. — Il y a un accent aigu sur l'É dans *répondit*, parce que c'est un *é* fermé.

(*) De couleur pourpre, de couleur rouge.

19. On n'accorde pas *aisément* le pardon d'une faute *à* ceux qui s'en *défendent* par le mensonge. (15)

(XÉNOPHON.)

20. Le langage de la *vérité* est simple. On *altère* la *vérité* par le mensonge et aussi par le silence. (15)

(AMMIANUS.)

21. Le bien de la fortune est un bien périssable ;
Quand on *bâtit* sur elle, on *bâtit* sur le sable,
Plus on est élevé, plus on court de dangers :
Les grands pins sont en butte aux coups de la *tem-*
pête ,
Et l'orage des vents brise *plutôt* le *faîte*
Des maisons de nos rois que les toits des ber-
gers. (15)
(RACAN.)

22. Les conseils durs ne font point D'*effet :* c'est comme des marteaux qui sont toujours repoussés par L'*enclume.* (16) (HELVÉTIUS.)

ANALYSE. Il y a une *apostrophe* après le *d ,* parce que la voyelle *e* est retranchée.

23. Toutes les fois que je trouve un pauvre homme reconnaissant, je songe que certainement il serait généreux s'*il* était riche. (16)

(SWIFT.)

24. Une seule vertu vaut un siècle d'*aïeux.* (17)
(ÉCOLE DES MŒURS.)

ANALYSE. Il y a un *tréma* sur l'*i* dans *aïeux ,* parce qu'il ne doit pas être prononcé avec l'*a.*

25. Le Seigneur apparut à *Moïse ,* et lui dit : Les cris des enfants d'*Israël* sont venus jusqu'à moi. (17
(LHOMOND.)

26. L'Écriture surpasse en *naïveté*, en vivacite, en grandeur tous les écrivains de Rome et de la Grèce. Jamais Homère n'a approché de la sublimité de *Moïse*. (17)   (FÉNÉLON.)

27. L'goïsme est une sorte de vampire qui veut nourrir son existence de l'existence des autres. (17)
(BALLANCHE.)

28. Cependant sur le front de l'homme inconsolable
Croît lentement des ans l'outrage *ineffaçable*. (18)
(DE SAINT-VICTOR.)

ANALYSE. Il y a une *cédille* sous le *c* dans *ineffaçable*, parce qu'il doit avoir le son de la lettre *s*.

29. Ne *forçons* point notre talent,
Nous ne ferions rien avec grace. (18)
(LA FONTAINE.)

30. Des bienfaits répétés sont des *leçons* de reconnaissance. (18)   (P. SYRUS.)

31. Il ne convient pas de se venger, quelque mauvais traitement qu'on ait *reçu*. (18)   (PLATON.)

32. Le silence est le parti le plus sûr pour celui qui se défie de soi-même. (19)
(LA ROCHEFOUCAULD.)

ANALYSE. Il y a un *trait d'union* entre *soi* et *même*, parce que ces deux mots n'en forment qu'un.

33. La raison, l'AMOUR-PROPRE, ont le même désir :
Ils évitent la peine, ils cherchent le plaisir. (19)
DE FONTANES.)

34. Je croyais, moi (JUGEZ DE MA SIMPLICITÉ),
Que l'on devait rougir de la duplicité. (20)
(DESTOUCHES.)

ANALYSE. Les mots *jugez de ma simplicité* sont enfermés dans une *parenthèse*, parce qu'ils forment un sens à part.

15. Toi donc, qui que tu sois, ô père de fa-
mille !
(ET JE NE T'AI JAMAIS ENVIÉ CET HONNEUR)
T'attendre aux yeux d'autrui, quand tu dors, c'est
erreur :
Couche-toi le dernier, et vois fermer ta porte. (20)
(LA FONTAINE.)

36. Où est-il celui qui a bâti les deux pyramides ? — Qu'est devenue la nation au milieu de laquelle il vivait ? — Quelle a été sa fin ? — Quel a
été le lieu de sa chute ? (21)   (SENTENCES ARABES.)

ANALYSE. Il y a un *tiret* entre les deux premières phrases parce qu'elles doivent être séparées.

37. Qui a dit au soleil : « SORTEZ DU NÉANT, ET
PRÉSIDEZ AU JOUR ? » Et à la lune : « PARAISSEZ ET
SOYEZ LE FLAMBEAU DE LA NUIT ? » (22)

ANALYSE. Il y a des *guillemets* avant et après *Sortez du néant, et présidez au jour,* parce que c'est une citation.

38. Il est dans nos hameaux des Socrates cham-
pêtres :
« Les rois, vous diront-ils, sont plus pères que
maîtres ;
« Le premier trône était un gazon façonné,
« Et le premier monarque un pasteur couron-
né. » (22)
(LE P. LOMBARD.)
2

37. LE LOUP ET LE CHIEN.

Un loup maigre et chétif rencontrant un gros
chien :
Que n'ai-je, lui dit-il, ta graisse et ton corsage ?
Mais ton col est pelé, pourquoi donc ? — Ce n'est
rien ;
Mon collier.... Un collier ! Adieu, point d'esclavage. (23)

(ANONYME.)

ANALYSE. Il y a une *virgule* après *chétif*, parce qu'il ne faut
qu'une pause courte après ce mot.

40. Un homme de bien se réjouit de recevoir
des avis : mais plus un homme est corrompu, plus
il a de peine à souffrir un censeur. (23)

(SÉNÈQUE.)

41. Nécessité tire parti de tout :
Nécessité d'industrie est la mère. (23)

(GRESSET.)

42. Toutes choses ont leur saison. (23)

(MONTAIGNE.)

43. O rois, l'ignorez-vous ? Vos sujets sont vos
frères ;
C'est à vous, à vous seuls, d'adoucir leurs misères. (23)

(LE FRANC DE POMPIGNAN.)

44. Qu'il est difficile d'être content de quelqu'un ! (23)

(LA BRUYÈRE.)

45. Sa mère...... Ah ! que l'amour inspire de
courage !
Sa mère..... Elle s'élance au milieu des soldats. (23).   (VOLTAIRE.)

CHAPITRE III. — DES MOTS.

46. Un *monarque* pieux n'en sera que plus *jus-*
te. (24)
(LE FRANC DE POMPIGNAN.)

ANALYSE. *Monarque* est un *nom*, parce que c'est un mot qui sert à nommer.

47. O divine *amitié!* ton nom seul me rappelle tous *les* charmes de ma vie. (24)   (LACÉPÈDE.)

48. LA POULE AUX ŒUFS D'OR.

Une *poule* pondait des *œufs* d'or à son maître.
Dans *son* corps, se dit-il, *est* un trésor, peut-
être
Il l'ouvrit : *ô* douleur ! *Il n'y* trouva plus rien.
Par trop d'avidité, *souvent* on perd son bien. (24)
(ANONYME.)

49. *O* que bienheureux *est* celui qui se conduit sagement *envers* l'affligé ! l'Éternel le délivrera au jour de *la* calamité. L'Éternel le gardera *et* le préservera *en* vie ; il sera même *rendu* heureux sur la terre. (24)   (BIBLE.)

5o. *La* destinée des états *se lie* à l'éducation du *premier* âge. (24)   (M. FRAYSSINOUS.)

51. *Le vice aime l'obscurité.* (27)   (BOILEAU.)

ANALYSE. Ces mots *Le vice aime l'obscurité* forment une proposition, parce qu'ils sont l'énonciation d'un jugement. Le mot *vice* est le sujet de cette proposition, parce qu'il est l'objet du jugement; le mot *obscurité* est le complément de cette même proposition, parce qu'il complète l'idée du verbe *aimé*.

52. *La vertu rend noble.* (27)

(MAXIME DANOISE.)

LIVRE PREMIER.

DES NOMS.

CHAPITRE PREMIER. — DU NOM.

53. Jamais *Homère* ni aucun poète n'a égalé *Isaie* peignant la majesté de *Dieu*. (29)   (FÉNÉLON.).

ANALYSE. *Homère* est un nom propre, parce qu'il ne convient qu'à un seul homme.

54. Les *chemins* sont ouverts : qui peut nous arrêter ?
Je vous entends, *Seigneur,* nous allons tout dompter :
Nous allons traverser les sables de *Lybie,*
Asservir en passant l'*Egypte*, l'*Arabie,*
Courir delà le *Gange* en de nouveaux pays,
Faire trembler le *Schyte* aux bords du *Tanais.* (29)

(BOILEAU.)

55. *Annibal* traverse l'*Ebre,* les *Pyrénées,* toute la *Gaule* transalpine, les *Alpes,* et tombe, comme

en un moment, sur l'*Italie*. Les *Gaulois* ne manquent pas de fortifier son *armée*, et font un dernier effort pour leur *liberté*. (29)   (BOSSUET.)

56. Je plains l'*homme* accablé du poids de son loi-
sir.

Le bonheur est un *bien* que nous vend la *nature :*
Il n'est point ici bas de *moissons* sans culture ;
Tout veut des *soins*, sans doute, et tout est
acheté.

                    (VOLTAIRE.)

57, Combien s'abusent ceux qui placent la su-
prême *félicité* dans les sensations ! ils peuvent connaître le *plaisir*, ils n'ont pas l'idée du *bonheur*. (29)
                    (LA ROMIGUIÈRE.)

58. A leur tête est le *chien*, aimable autant qu'u-
tile ,
Superbe et caressant , courageux, mais docile.
Formé pour le conduire et pour le protéger,
Du troupeau qu'il gouverne il est le vrai *ber-
ger*. (5)
                    (DELILLE.)

ANALYSE. *Chien* est du genre *masculin*, parce que c'est un nom de *mâle*.

59. Le *chèvre* a , de sa nature, plus de sentiment et de ressource que la *brebis ;* elle vient à l'homme volontiers , elle se familiarise aisément, elle est sen-
sible aux caresses, et capable d'attachement. (30)
                    (BUFFON.)

60. Moins vif , moins valeureux , moins beau
que le *cheval* ,
L'*âne* est son suppléant , et non pas son *rival :*

Il laisse au fier *coursier* sa superbe *encolure*,
Et son riche *harnais*, et sa brillante *allure*.
Instruit par un *lourdaud*, conduit par le *bâton*,
Sa *parure* est un *bât*, son *régal*, un *chardon*.

(DELILLE.)

61. La *religion* nous montre dans les *pauvres* des *créanciers* et des *juges*, des *frères* dans nos *ennemis*, dans l'Être-suprême un *père*.

(Le cardinal MAURY.)

62. L'ASTROLOGUE.

Un astrologue un jour se laissa choir
Au fond *d'un puits*. On lui dit : Pauvre bête,
Tandis qu'à peine à *tes pieds* tu peux voir,
Penses-tu lire au dessus de *ta tête?* (31)

(LA FONTAINE.)

ANALYSE. *Un astrologue* est du nombre *singulier*, parce que ce mot désigne un seul être.

63. *Les citoyens* d'*une ville* bien policée jouissent de *l'ordre* qui est établi, sans songer combien il en coûte de peine à ceux qui l'établissent ou le conservent, à peu près comme tous *les hommes* jouissent de la régularité *des mouvements* célestes, sans en avoir *aucune connaissance.* (31)

(FONTENELLE.)

FORMATION DU PLURIEL DANS LES NOMS COMMUNS.

64. LE PASSEREAU ET LE LIÈVRE.

Un lièvre est pris par l'aigle aux *serres* si cruelles.
— Qu'as-tu fait de *tes pieds?* lui crie un pas-
sereau.

Un milan passe, entend et ravit mon oiseau.
L'autre vengé répond : Qu'as-tu fait de tes
ailes ? (32)
(Mme JOLIVEAU.)

ANALYSE. Le mot *serres* prend un *s*, parce qu'il est au pluriel.

65. On guérit de *coups* de couteau, on ne guérit pas de *coups* de langue. (32)
(MAXIME TURQUE.)

66. Éternité, néant, passé, sombres *abîmes*,
Que faites-vous des *jours* que vous engloutissez ? (34)
(DE LAMARTINE.)

67. Le caractère du *faux* esprit est de ne paraître qu'aux *dépens* de la raison. (52)   (VAUVENARGUES.)

ANALYSE. On n'ajoute rien au pluriel du mot *dépens*, parce qu'il est terminé au singulier par *s*.

68. Partout nous rendons hommage, par nos troubles et par nos *remords* secrets, à la sainteté de la vertu que nous violons. (32)   (MASSILLON.)

69. Quel plaisir de voir les *troupeaux*,
— Quand le midi brûle l'herbette,
— Rangés autour de la houlette,
— Chercher l'ombre sous les *ormeaux* :

Puis sur le soir, à nos musette
Ouïr répondre les *côteaux*,
Et retentir tous nos *hameaux*
De hautbois et de chansonnettes. (33)
(CHAULIEU.)

ANALYSE. On met un *x* au pluriel du nom *troupeau*, parce qu'il est terminé au singulier par *au*.

70. L'homme qui surprend son ennemi par un serment, déclare ouvertement qu'il craint les mortels, et qu'il n'a que du mépris pour les *Dieux*. (33)

(PLATON.)

71. J'ai vu, dit-il (un voyageur), un chou plus grand qu'une maison
Et moi, dit l'autre, un pot aussi grand qu'une église.
Le premier se moquant, l'autre reprit : tout doux,
On le fit pour cuire vos *choux*. (33)
(LA FONTAINE.)

72. Les *cheveux* blancs sont une couronne d'honneur, et elle se trouvera dans la voix de la justice. (33)
(SALOMON.)

73. RÉCAPITULATION.

Le son du couvre-feu retentit dans les *airs* :
La nuit vient. Les *troupeaux* quittent au loin la plaine,
Le laboureur pensif lentement les ramène :
Bientôt les *champs*, les *prés*, les *bois* seront déserts. (32, 33)   (J. B. A. SOULIÉ.)

74. Ah ! si le bonheur n'est que la santé de l'ame, ne doit-on pas le trouver dans les *lieux* où règne une juste proportion entre les *besoins* et les *désirs* ? (32, 33)
(BARTHÉLEMY.)

75. Jamais le ciel ne fut aux *humains* si facile,
Que quand Jupiter même était de simple bois.
Depuis qu'on l'a fait d'or, il est sourd à nos *voix*. (32)   (LA FONTAINE.

76. Au pouvoir si craint tout mortel rend hom-
    mage ;
Et devant son idole un barbare à *genoux*
D'un être destructeur croit fléchir le courroux. (33)
(RACINE fils.)

77. LE *bonheur* est ailleurs que sur LA *terre*. (34)
(DE SAINT-VICTOR.)

ANALYSE. Le mot *le* est un *article*, parce qu'il détermine
le nom *bonheur*.

78. LES *paroles* sont LA *clef* du cœur. (34)
(PROVERBE CHINOIS.)

79. LES *amis* sont LES *trésors* des rois. (34)
(SALLUSTE.)

80. LA POUSSIÈRE ET LE SOLEIL.

Soleil, je t'obscurcis, disait, en s'élevant,
Un amas de poussière agité par *le* VENT.
    — Oui, dit *le* SOLEIL, je l'avoue ;
Mais, *le* CALME venu, tu rentres dans *la* BOUE. (34)
(ANONYME.)

ANALYSE. Le nom *vent* est du *masculin*, parce qu'il est
précédé de l'article *le*.

81 *La* VALLÉE de Tempé, *les* BOIS de l'Olympe,
les CÔTES de l'Attique et du Péloponèse, étaient de
toutes parts *les* RUINES de *la* GRÈCE. (34)

(CHATEAUBRIAND.)

82. Jeunes, contre *la* VIE, amis, pourquoi s'aigrir ?
N'écartons point *la* COUPE où notre âge s'enivre.
    C'est quand *le* CYGNE va mourir
    Qu'il chante *le* BONHEUR de vivre. (34)
(BELMONTET.)

83. *La* MAIN du temps, et plus encore celle des hommes qui ont ravagé tous *les* MONUMENTS de l'antiquité, n'ont rien pu jusqu'ici coutre *les* PYRAMIDES. (34)   (VOLNEY.)

84. L'*huile* sainte a touché le front de la mourante ,

      L'*arrêt* fatal est prononcé ,
L'*art* n'a point de secours pour son ame souffrante ,

      Le monde pour elle a cessé. (35)

                (CAMPENON.)

ANALYSE. On retranche *a* dans le mot *la*, parce que le mot *huile* qui suit commence par un *h* muette.

85. On prend souvent l'*indolence* pour la patience. (35)

            (Le cardinal DE RETZ.)

86. Vous êtes (les fleurs) des plaisirs L'*emblème* et
          L'*attribut* ;
L'*amitié* tous les jours vous apporte en tribut....
Et L'*horreur* des tombeaux se perd sous vos guirlandes. (35)

             (LEMIÈRE.)

87. C'est un mal que la fin DU *bien*. (36).

        (PROVERBE PORTUGAIS.)

ANALYSE. On contracte *de le* en *du* devant le nom *bien*, parce que ce mot commence par une consonne.

88. Du *haut* de ces pyramides quarante siècles vous contemplent. (33)   (NAPOLÉON.)

89. Je n'admirai jamais la gloire de l'impie,
Au *bonheur* DU *méchant* qu'un autre porte envie. (36)

           (RACINE.)

90. Dieu fait jaillir la vie DU *sein* de la mort, et la mort DU *sein* de la vie. (36)   (CORAN.)

91. Mieux vaut la honte AU *visage* qu'une tache AU *cœur*. (36)
(PROVERBE PORTUGAIS.)

92. ..... Chacun fait DES *châteaux* en Espagne;
On en fait à la ville, ainsi qu'à la campagne. (36)
(COLLIN D'HARLEVILLE.)

93, La science DES *pères* doit être l'héritage DES *enfants*. (36).
(MAXIME DE L'ORIENT.)

94. Un impie en tout temps fut un monstre odieux :
Et quand, pour me guérir de la crainte DES *dieux*,
Epicure en secret médite son système,
Aux *pieds* de Jupiter je l'aperçois lui-même. (36)
(RACINE fils.)

95. Qui donne AUX *pauvres*, donne à Dieu. (36)
(MAXIME TURQUE.)

96. Dans le champ DU *plaisir* que l'œil de la raison,
DES *innocentes* fleurs distingue le poison. (36)
(DE FONTAINES.)

97. L'homme est le miroir DE *l'homme*. (36)
(MAXIME TURQUE.)

ANALYSE. On met *de l'* et non pas *du* devant *homme*, parce que ce mot commence par une *h* muette,

98. Il est ordinaire A L'*homme* de n'être pas heureux. (36)   (LA BRUYÈRE.)

99. Ami du bien, DE L'*ordre* et DE L'*humanité*;
Le véritable esprit marche avec la bonté. (36)
(GRESSET.)

100. C'est le labeur qui fait connaître la véritable valeur DE L'*homme*, comme le feu développe les parfums DE L'*encens*. (36)

(MAXIME DE HINDOUS.)

CHAPITRE III. — DE L'ADJECTIF.

101. L'ENFANT MIS SUR UNE TABLE.

Un *enfant* s'admirait, monté sur un table :
Je suis GRAND, disait-il. Quelqu'un lui répondit :
Descendez, vous serez PETIT !
Quel est l'enfant de cette fable ?
Le riche qui s'enorgueillit. (37)

(BARBE.)

ANALYSE. Le mot *grand* est un *adjectif*, parce qu'il exprime une qualité, et qu'on peut le faire précéder du mot *personne*.

102. NOBLE *fils* du soleil, le *lis* MAJESTUEUX
Vers l'*astre* PATERNEL dont il brave les feux
Élève avec orgueil sa *tête* SOUVERAINE ;
Il est le roi des fleurs dont la rose est la reine. (37)

(BOISJOLIN.)

I. FORMATION DU FÉMININ DANS LES ADJECTIFS.

103. Une SEULE *journée* d'un sage vaut mieux que TOUTE *la vie* d'un sot. (38)   (MAXIME ARABE.)

ANALYSE. Je mets un *e* à la fin de l'adjectif *seule*, parce qu'il est au féminin.

104. Une GRANDE *fortune* est un grand esclavage. (38)

(P. SYRUS.)

105. Soutiens ma *foi* CHANCELANTE ,
Dieu puissant; inspire-moi
Cette *crainte* VIGILANTE
Qui fait pratiquer ta loi.
Loi SAINTE , *loi* DÉSIRABLE ,
Ta *richesse* est PRÉFÉRABLE
A la richesse de l'or ;
Et ta douceur est pareille
Au miel dont la JEUNE *abeille*
Compose son cher trésor. (38)

(J.-B. ROUSSEAU.)

106. Une GRANDE *reconnaissance* emporte avec soi beaucoup de goût et d'amitié pour la personne qui nous oblige. (38)   (LA BRUYÈRE.)

107. Plus blesse une MAUVAISE *parole* qu'une *épée* AFFILÉE. (38)   (PROVERBE ESPAGNOL.)

108. LA VIGNE ET L'ORMEAU.

La *vigne* devenait STÉRILE ,
Dépérissant faute d'appui ;
Un ormeau devint son asile :
Si par moi , disait-il , je ne porte aucun fruit ,
Je soutiendrai du moins une *plante* FERTILE. (38)

(ANONYME.)

109. La paresse fait venir le sommeil, et l'*ame* NÉGLIGENTE aura faim. (38)

(PROVERBE DE SALOMON.)

110. La brise du désert, déjà sur ce rivage ,
Emporte les feuilles des bois !
Je l'entends qui gémit sur la *mousse* SAUVAGE
Où je reposais autrefois.

La *rose* du Jourdain est ᴘᴇɴᴄʜᴇᴇ et ꜰʟᴇ́ᴛʀɪᴇ,
Ainsi que le lis du vallon :
Les vierges d'Israël cherchent la *fleur* ᴄʜᴇ́ʀɪᴇ
Dans les campagnes d'Ascalon.... (38)
(G. Pᴀᴜᴛʜɪᴇʀ, *Imitation d'Ezéchias.*)

111. Lᴀ ᴍᴀᴜᴠᴀɪsᴇ *plaie* se guérit ; la ᴍᴀᴜᴠᴀɪsᴇ *renommée* ne se guérit point. (38)
(Pʀᴏᴠᴇʀʙᴇ Esᴘᴀɢɴᴏʟ.)

II. ꜰᴏʀᴍᴀᴛɪᴏɴ ᴅᴜ ᴘʟᴜʀɪᴇʟ ᴅᴀɴs ʟᴇs ᴀᴅᴊᴇᴄᴛɪꜰs.

112. Si l'homme savait rougir de soi, quels *crimes*, non seulement ᴄᴀᴄʜᴇ́s, mais ᴘᴜʙʟɪᴄs et ᴄᴏɴɴᴜs,
ne s'épargnerait-il pas ? (39)   (Lᴀ Bʀᴜʏᴇ̀ʀᴇ.)

Aɴᴀʟʏsᴇ. Je mets un *s* à la fin de l'adjectif *cachés*, parce
qu'il est au pluriel, et que le pluriel dans les adjectifs se forme
comme dans les noms.

113. Quiconque sait lire, sait le plus difficile de
tous les *arts*. (39)   (Dᴜᴄʟᴏs.)

114. La mort est un chameau noir qui s'age-
nouille à ᴛᴏᴜᴛᴇs les *portes*. (39)
(Mᴀxɪᴍᴇ TᴜʀQᴜᴇ.)

115. Tel donne à ᴘʟᴇɪɴᴇs *mains*, qui n'oblige
personne :
La façon de donner vaut mieux que ce qu'on
donne. (39)
(Cᴏʀɴᴇɪʟʟᴇ.)

116. Il y a une espèce de honte d'être heureux à
la vue de ᴄᴇʀᴛᴀɪɴᴇs *misères*. (39)   (Lᴀ Bʀᴜʏᴇ̀ʀᴇ.)

117. Les ᴠɪᴇᴜx *arbres* sont les plus difficiles à
courber.   (Mᴀxɪᴍᴇ Aʟʟᴇᴍᴀɴᴅᴇ.)

118. Dieu ! Eternel ! Père de ᴛᴏᴜᴛᴇs *choses*, qui

créas ces *êtres* si BONS et si BEAUX pour être aimés par-dessus tout , toi excepté....... laisse-moi t'aimer et eux aussi...... salut !..... salut! (36)

(LORD BYRON.)

119. Où vont-ils cependant (les hommes)? Ils vont où va la feuille
Que chasse devant lui le souffle des hivers.
Ainsi vont se flétrir dans leurs *travaux* DIVERS
Ces générations que le temps sème et cueille. (39)

(DE LAMARTINE.)

120. Tous les *traits* les plus ODIEUX semblent se réunir dans un cœur où domine la jalousie. (39)

(MASSILLON.)

121. S'il est ordinaire d'être vivement touché des *choses* RARES , pourquoi le sommes-nous si peu de la vertu ? (39)   (LA BRUYÈRE.)

122. Quand des NOUVEAUX *zéphirs* l'haleine for-tunée
Allumera pour eux (les *oiseaux*) le flambeau d'hy-ménée ,
Fidèlement UNIS par leurs TENDRES *liens* ,
Ils rempliront les airs de NOUVEAUX *citoyens*. (39)

(RACINE fils.)

III. DEGRÉS DE SIGNIFICATION DANS LES ADJECTIFS.

123. Les Tyriens sont *industrieux, patiens, la-borieux, propres, sobres* et *ménagers;* ils ont une *exacte* police; jamais peuple n'a été *plus constant, plus fidèle, plus sûr, plus commode* à tous les étran-gers. (40)   (FÉNÉLON.)

ANALYSE. *Industrieux* est au positif, parce que c'est l'ad-jectif même.

124. Louis XI est le premier roi de France qui ait porté le titre de *très-chrétien*. (40)

(M. DE SAINT-OUEN.)

125. L'ÉGLANTIER.

— Ces gens ne sont pas *très polis;*
J'offre des fleurs du plus beau coloris :
Mon odeur embaume à la ronde,
Et l'on m'évite. — Ami, tes bouquets sont *jolis* :
Mais tu déchires tout le monde. (40)

(ANONYME.)

IV. DES ADJECTIFS DÉTERMINATIFS.

126. UN *oiseau* dans la main vaut mieux que DEUX dans un buisson. (41)   (PROVERBE ANGLAIS.)

ANALYSE. *Un* est un adjectif numéral cardinal, parce qu'il détermine la signification du nom *oiseau* par une idée de nombre.

127. SEPT *heures* de sommeil à tout âge suf-
fisent. (41)

(BLANCHARD.)

128. LES VOLEURS ET L'ANE.

Pour UN *âne* enlevé DEUX *voleurs* se battaient :
L'un voulait le garder, l'autre le voulait vendre.
Tandis que coups de poing trottaient,
Et que nos champions (*) songeaient à se dé-
Arrive un TROISIÈME *larron*,   (fendre,
Qui saisit maître Aliboron (**). (41)

(LA FONTAINE.)

(*) Combattants.
(**) L'un des noms donnés à l'âne.

129. Un *sot* jette une *pierre* dans la mer, cent *sages* ne la retireront pas. (41) (Maxime Danoise.)

130. Il était réservé à un Français du dix-hui-tième *siècle*, à Condillac, de nous apprendre ce que nous faisons quand nous pensons et quand nous raisonnons. (41) (La Romiguière.)

131. A qui réserve-t-on ces *apprêts* meurtriers?
Pour qui ces *torches* qu'on excite?
L'airain sacré tremble et s'agite.....
D'où vient ce *bruit* lugubre? où courent ces *guer-*
riers,
Dont la foule à longs flots roule et se précipite?
La joie éclate sur leur traits;
Sans dou'·[l'honneur les enflamme;
Ils vont pour un assaut former leurs rangs épais;
Non, ces *guerriers* sont des Anglais
Qui vont voir mourir une femme. (42)
(Casimir Delavigne.)

Analyse. *Ces* est un adjectif démonstratif, parce qu'il dé-termine la signification du nom *apprêts* par une idée de dé-monstration, d'indication.

132. Il faut tâcher de se surpasser toujours; cette *occupation* doit durer autant que la vie. (42)
(La reine Christine.)

133. Mais le temps? Il n'est plus. — Mais la gloire?
et qu'importe.
Cet *écho* d'un vain son, qu'un siècle à l'autre ap-
(porte;
Ce *nom* brillant, jouet de la postérité?
Vous qui de l'avenir lui promettez l'empire,
Ecoutez cet *accord* que va rendre ma lyre.....
Les vents déjà l'ont emporté! (42)
(De Lamartine.)

134. Le vrai sage est CELUI qui apprend de tout le monde. (43)   (SENTENCE PERSANE.)

ANALYSE. *Celui* est un adjectif démonstratif avec lequel on supprime le nom, parce qu'il équivaut à *cet homme.*

135. CE que l'on conçoit bien , s'énonce claire-
ment ,
Et les mots pour le dire arrivent aisément. (43)
                (BOILEAU.)

136. Écoute l'opinion des autres , mais ne re-nonce pas pour CELA à la tienne, et fais ensuite ce que tu jugeras le plus utile. (43)
                (MAXIME GRECQUE.)

137. CECI (l'incendie de Moscou) nous présage de grands malheurs. (43)]   (NAPOLÉON.)

138.   Dans une éclatante voûte
Il (Dieu) a placé de ses mains
Ce *soleil* QUI , dans sa route ,
Éclaire tous les humains. (44 et 45)
                (J.-B. ROUSSEAU.)

ANALYSE. *Qui* est un adjectif conjonctif ou relatif, parce qu'il détermine la signification du nom *soleil ,* qui est son anté-cédent , par une idée de conjonction, de relation.

139. Racine et Voltaire ont possédé ce *mérite* si rare de l'élégance continue et de l'harmonie , sans *lequel ,* dans une langue formée, il n'y a point d'é-crivain. (44 et 45)   (LA HARPE.)

140. L'hypocrisie est un *hommage* QUE le vice rend à la vertu (44 et 45)   (LA ROCHEFOUCAULD.)

141. La terre m'a crié : qui donc est le Seigneur?
Celui DONT l'ame immense est partout répandue,
Celui DONT un seul pas mesure l'étendue ,
Celui DONT le soleil emprunte sa splendeur ;
Celui QUI du néant a tiré la matière ,
Celui QUI sur le vide a formé l'univers ,
Celui QUI , sans rivage , a renfermé les mers ,
Celui QUI d'un regard a lancé la lumière. (44 et 45)

(DE LAMARTINE.)

142. Les *flammes* (de Moscou) QUI dévoraient,
avec un bruissement impétueux, les *édifices* entre
LESQUELS il (Napoléon) marchait, dépassant leur
faîte, fléchissaient alors sous le vent et se recour-
baient sur nos têtes. Nous marchions sur une terre
de feu , sous un ciel de feu , entre deux murailles
de feu. (44 et 45)   (DE SÉGUR.)

143. Comme il n'y a pas de bonheur dans une
ville où règne la sédition , ni dans une *famille* DONT
la discorde divise les chefs : de même un *cœur* DONT
les desseins sont contraires ne peut avoir un seul
instant de félicité. (45)   (CICÉRON.)

ANALYSE. Le premier *dont* est mis pour *de laquelle*, parce
qu'il a pour antécédent le nom *famille*.

144. La *clef* DONT on se sert, est toujours claire. (45)

(PROVERBE FRANÇAIS.)

145. Ne pouvoir supporter tous les mauvais *ca-*
ractères DONT le monde est plein , n'est pas un fort
bon caractère : il faut, dans le commerce, des pièces
d'or et de la monnaie. (45)   (LA BRUYÈRE.)

146. Qui de l'âne ou dn maître est fait pour se
lasser. (46)

(La Fontaine.)

Analyse. *Qui* est un adjectif interrogatif, parce qu'il détermine, par une idée d'interrogation, la signification du nom
être sous-entendu.

147. Quel *bras* peut vous suspendre, innombrables étoiles ? (46)

(Racine fils.)

148. Que fera dans la pauvreté ce publicain qui
ne sait vivre que d'or ? (46)   (J.-J. Rousseau.)

149. A quoi bon vous mettre en courroux,
Si vous reconnaissez vos traits dans quelque fable ?
Il n'est, en pareil cas, qu'un parti raisonnable :
Ne dites mot, corrigez-vous. (46)

(Le Bailly.)

150. Reconnais les bienfaits par d'autres bienfaits, mais ne te venge jamais par des injures. (47)

(Confucius.)

Analyse. *Autres* est un adjectif indéfini, parce qu'il détermine la signification du nom *bienfaits* par une idée générale,
indéfinie.

151. Chaque *peuple* à son tour a brillé sur la
terre ; à son tour chaque *idée*, dans son temps, a
exercé sa domination. (47)   (De Pradt.)

152. Sur le penchant de quelque agréable colline bien ombragée, j'aurais une petite maison rus-
tique, une maison blanche avec des contre vents
verts. (47)   (J.-J. Rousseau.)

153. Chacun a son défaut , où toujours il revient :
    Honte ni peur n'y remédie. (47)

(La Fontaine.)

Analyse. *Chacun* est un adjectif indéfini avec lequel on supprime le nom, parce qu'il équivaut à *chaque homme.*

154. Ne mets pas la faux dans la moisson d'autrui. (47). (Proverbe Chinois.)

CHAPITRE IV. — Du Pronom.

155. Nous entrons dans la seconde grande épo-
que de la civilisation française ; et en y entrant, au premier pas, nous y rencontrons un grand homme (Charlemagne). (50)　　　　　(Guizot.)

Analyse. *Nous* est un pronom de la première personne, parce qu'il indique que ce sont plusieurs individus *qui parlent.*

156. Le petit savoyard.

J'ai faim : vous qui passez , daignez me secourir;
Voyez : la neige tombe, et la terre est glacée ;
J'ai froid : le vent se lève , et l'heure est avancée,
　　Et je n'ai rien pour me couvrir.
Ma mère , tu m'as dit quand j'ai fui ta demeure :
Pars, grandis et prospère , et reviens près de moi..
Hélas ! et, tout petit , faudra-t-il que je meure
　　Sans avoir rien gagné pour toi !
Non, l'on ne meurt point à mon âge ;
Quelque chose me dit de reprendre courage....

(34)

Eh ! que sert d'espérer? Que puis-je attendre enfin ?

J'avais une *marmotte*, elle est morte de faim. (50,
51, 52, 53)
(A. Guiraut.)

157. Il (Dieu) est l'être unique, il est l'être des
êtres. (52)   (Kératry.)

158. L'honneur est comme une île escarpée et
sans bords :
On n'y peut plus rentrer, dès qu'on en est de-
hors. (54)
(Boileau.)

Analyse. *On* est une particule pronominale, parce qu'il indique un sujet vague et indéterminé de la troisième personne.

159. L'homme retenu dans ses *paroles* sait ce que
c'est que la science, et l'homme qui est d'un esprit
froid est un homme intelligent. (55)
(Proverbe de Salomon.)

Analyse. *Ses* est un adjectif *pronominal* de la troisième
personne, parce qu'il dérive du pronom *soi ; possessif*, parce
qu'il détermine la signification du nom *paroles* par une idée de
possession.

160. Des Dieux que nous servons connais la dif-
férence :
Les *tiens* t'ont commandé le meurtre et la ven-
geance ;
Et *le mien*, quand ton bras vient pour m'assas-
siner,
M'ordonne de te plaindre et de te pardonner. (55)
(Voltaire.)

Analyse. *Les tiens* est un adjectif pronominal possessif
avec lequel on supprime le nom, parce qu'il équivaut ici à *tes
Dieux*.

RÉCAPITULATION.

161. Gouverne TA *maison* , et TU sauras combien
coûtent le bois et le riz ; élève TES *enfants* , TU sauras
combien TU dois à TON *père* et à TA *mère*. (51 et 55)

(PROVERBE CHINOIS.)

162. Si un chapeau TE blesse , ne l'enfonce pas
dans la tête de TON *voisin*. (51 et 55)

(MAXIME DU SÉNÉGAL.)

163. C'est LUI , c'est le *Seigneur !* Que MA *langue*
redise
Les cent noms de SA *gloire* aux enfants des mor-
tels :
Comme la lampe d'or pendue à SES *autels* ,
JE chanterai pour LUI jusqu'à ce qu'IL ME brise !...
(50, 52 , 55)
(DE LAMARTINE.)

164. Celui qui a pitié du pauvre prête à l'Éternel,
et IL LUI rendra son *bienfait*. (52 et 55)

(PROVERBE DE SALOMON.)

165. C'est LUI , JE le savais, le *Dieu* des pauvres
mères ,
Et des petits *enfants*, qui du MIEN a pris soin ;
LUI qui ME consolait quand mes *plaintes* amères
Appelaient MON *fils* de si loin. (50, 52, 55)
(AL. GUIRAUD.)

166. Le portrait d'un père n'est qu'un tableau
pour des étrangers ; mais pour un *fils*, c'est un livre
qui LUI enseigne tous SES *devoirs*.

(MAXIME CHINOISE.)

167. Les hommes agissent mollement dans les
choses qui sont de LEUR *devoir*, pendant qu'ils SE font

un mérite , ou plutôt une vanité de s'empresser
pour celles qui LEUR sont étrangères , qui ne con-
viennent ni à LEUR *état* ni à LEUR *caractère*. (52,53,
55.)   (LA BRUYÈRE.)

RÉSUMÉ DU PREMIER LIVRE.

168. Pour la *troisième* fois du superbe *Versailles*
Il (Louis XIV) faisait agrandir le *parc* délicieux :
Un peuple *malheureux* de ses vastes murailles
    Creusait le contour *spacieux*.
Un seul , contre un vieux chêne appuyé, sans mot
                    dire ,
Semblait à *ce* travail ne prendre *aucune* part.
A quoi rêves-*tu* là? dit le prince. Hélas? Sire ,
    Répond *le* champêtre vieillard :
Pardonnez , *je* songeais que de *votre* héritage
    Vous avez beau élargir *les* confins ;
Quand vous l'agrandiriez *trente* fois davantage ,
    Vous aurez toujours des *voisins*. (57)
         (Le chevalier DE JAUCOURT.)

ANALYSE. *Troisième* est un adjectif d'ordre.

169. L'ouvrage de *Buffon* est un des plus beaux
monuments de ce siècle, élevé pour les *âges* suivants,
auquel l'antiquité n'a rien à opposer. (57)
                    (LA HARPE.)

170. L'AMOUR-PROPRE.

L'amour-propre est l'amour de *soi*-même et de
toutes les choses pour soi ; il rend les hommes ido-
lâtres d'*eux*-mêmes et *les* rendrait les tyrans des *autres* , si la fortune *leur* en donnait les moyens. (57)
           (LA ROCHEFOUCAULD.)

171. LE PORC PARÉ DE FLEURS.

Un *singe*, en folâtrant, attache *quelques* fleurs
Aux oreilles d'un *porc*; et mon sot *se* redresse :
Je suis beau, disait-*il*, rendez-*moi* des honneurs!
    Et le renard, riant de *sa* faiblesse :
— De *ta* parure, ami, ne sois pas *orgueilleux*;
    Ta laideur n'*en* paraît que mieux.

(Mme JOLIVEAU.)

172. *Nous* n'avons plus une juste *idée* des exercices
du corps. Un homme *qui* s'y applique trop, nous paraît *méprisable*, par la raison que la plupart de *ces*
exercices n'ont plus d'*autre* objet que les agréments :
au lieu que, chez *les* anciens, tout jusqu'à la *danse*
faisait partie de l'art *militaire*.   (MONTESQUIEU.)

173. Nil! *quels* sont ces débris sur *tes* bords dé-
      vastés?
C'est *Thèbe* aux cent palais, l'aïeule *des* cités.

(CHENEDOLLÉ.)

174. La croisade contre les Albigeois, *dont* les
suites politiques furent *immenses*, rattacha pour jamais au royaume de *France* les rivages de la *Médi-
terrannée*, où *Philippe-Auguste*, s'embarquant pour
la *Terre-Sainte*, n'avait pu trouver un seul port *qui*
le reçût en ami.   (AUGUSTIN THIERRY.)

175. Comme *on* voit un fleuve miner lentement
et sans *bruit* les digues *qu'on* lui oppose, et enfin
les renverser dans *un* moment, et couvrir *les* campagnes qu'*elles* conservaient; ainsi la *puissance* souveraine déborda sous *Tibère* avec violence.

(MONTESQUIEU.)

4

176. Combien j'ai *douce* souvenance
Du joli *lieu* de ma naissance !
Ma sœur, qu'*ils* étaient beaux les jours
  De *France !*
Oh ! *mon* pays, sois mes amours
  Toujours !

Te souvient-il que *notre* mère,
Au foyer de *notre* chaumière,
Nous pressait sur son cœur *joyeux*,
  Ma chère?
Et nous baisions *ses* blancs cheveux
  Tous *deux.*

Ma sœur *te* souvient-*il* encore
Du château *que* baigne la *Dore*,
Et de *cette* tant vieille *tour*
  Du Maure,
Où l'*airain* sonnait *le* retour
  Du *jour ?*

Te souvient-il du *lac* tranquille
Qu'effleurait l'hirondelle *agile*,
Du vent *qui* courbait le roseau
  Mobile,
Et du *soleil* couchant sur l'eau,
  Si *beau ?*

Oh ! *qui* me rendra mon *Hélène*,
Et *ma* montagne et *le* grand chêne ?
Leur souvenir fait tous *les* jours
  Ma *peine :*
Mon pays sera *mes* amours
  Toujours.

     (CHATEAUBRIAND.)

LIVRE SECOND.

DU VERBE.

CHAPITRE Ier.— Notions Préliminaires.

177. *L'envie* EST un scorpion (elle se déchire elle-même). (58)   (Proverbe Allemand.)

ANALYSE. Le mot *est* est un *verbe,* parce qu'il affirme un état par rapport au sujet *l'envie.*

178. *On* EST tel que ceux qu'*on* FRÉQUENTE. (58)
(Euripide.)

179. LE LIERRE ET LE ROSIER.

Un lierre, en serpentant au haut d'une muraille,
VOIT un petit rosier, et se rit de sa taille.
L'arbuste lui RÉPOND: — Apprends que sans ap-
pui
J'ai su m'élever par moi-même ;
Mais toi, dont *l'orgueil* EST extrême,
Tu RAMPERAIS encor sans le secours d'autrui. (58)

(Le Bailly.)

180. *La vie* PASSE comme l'ombre : *il* VIENT un jour fatal où périssent toutes les pensées des hommes ; *leur mémoire* FAIT un peu de bruit et VA se perdre dans un silence éternel. Les biens qu'*ils*

ONT ACQUIS échappent de leurs mains avares, *leur gloire* sèche comme l'herbe, *leurs couronnes* se **FLÉTRISSENT** et **TOMBENT** presque d'elles-mêmes. (58)

(FLÉCHIER.)

ANALYSE. Je connais que *passe* est de la troisième personne, parce qu'il a pour sujet le nom *vie*.

181, L'ENCLUME ET LE MARTEAU.

L'enclume au marteau **DIT** un jour :
De recevoir des coups à la fin *je* **SUIS** lasse,
Je **PRÉTENDS** frapper à mon tour.
— Folle, dit le marteau, réprime cette audace :
Tu **FAIS** bien ton métier, *tu* **FERAIS** mal le mien.
Pour que *les choses* **AILLENT** bien,
Restons chacun à notre place. (58)

(ANONYME.)

182. *Un* seul *mot* nous **REND** comme présents à l'œuvre du Créateur ; à sa parole *nous* **VOYONS** naître ce qui n'était pas. Immobiles de respect et de crainte, *nous* nous **PERDONS** dans un étonnement infini..... tant *l'inspiration* divine **A** de force ! (58)

(THÉRY.)

183. **HATEZ**-*vous* lentement ; et, sans perdre courage,
Vingt fois sur le métier remettez votre ouvrage. (58)

(BOILEAU.)

184. La vie mondaine ressemble à la pluie que *nous* **VOYONS** tomber des nuages pour féconder les plantes : *elles* **BRILLENT** un instant ; mais, tout à coup desséchées, *elles* **DEVIENNENT** le jouet des vents. (61)

(CORAN.)

ANALYSE. *Voyons* est au pluriel, parce que son sujet *nous* indique que l'action de *voir* se rapporte à plusieurs êtres.

185. LES DEUX RENARDS.

Deux renards, insignes larrons,
Dans certain poulailler RÉPANDAIENT le désordre ;
Le chien de ferme ABOIE. *Il* VIENT, dit l'un, fuyons :
Le drôle SAURAIT bien, pour venger les dindons ,
    Nous donner du fil à retordre.
RASSURE-*toi*, dit l'autre, *il* EST vieux et sans dents;
    Il RESSEMBLE à beaucoup de gens :
Il SAIT bien aboyer, mais *il* ne SAIT pas mor-
                    dre. (61)

(LE FILLEUL DES GUERROTS.)

186. Mortels bien-aimés des Dieux , nous DI-
RAIENT *les premiers hommes*, comparez les temps ;
voyez combien *vous* ÊTES heureux, et combien *nous*
ÉTIONS misérables ! (61)

(J.-J. ROUSSEAU.)

187. LE BUISSON ET LA ROSE.

Comment ! déjà sur le retour?
Ce matin même , à peine éclose ,
Pauvre fleur ! *tu* ne VIS qu'un jour,
Disait le buisson à la rose.

— *Je* n'AI pas vécu sans honneur ,
Un parfum me métamorphose ;
Je LAISSE après moi bonne odeur ;
Puis-je regretter quelque chose ? (61)

(LE BAILLY.)

188. Il (Dieu) EST celui qui est. (62)
(BERGASSE.)

ANALYSE. Le mot *est* est au présent , parce qu'il marque
que Dieu est présentement.

189. Le ciel REÇUT toujours nos vœux et notre encens. (62)

(RACINE fils.)

190. Tends la main au malheureux, Dieu ne t'A
BANDONNERA pas. (62)   (MAXIME TURQUE.)

191. LE DINDON ET LA PIE.

Un gros dindon DEMANDAIT à Margot :
Que DISAIT-on de moi *l'autre jour* au village ?
— On DISAIT que tu n'es qu'un sot,
Qui n'a pour soi qu'un vain plumage. (63)

(ANONYME.)

ANALYSE. *Demandait* est au présent relatif, parce que
l'action de *demander* est présente relativement à une époque
indiquée par les mots *l'autre jour*.

192. Dieu A FONDÉ la terre sur ses bases, tellement qu'elle ne sera pas ébranlée à perpétuité. (64)

(DAVID.)

193. Napoléon n'ENTRA qu'avec la nuit dans Moscou.
Il s'ARRÊTA dans une des premières maisons, du faubourg de Dorogomilow. Ce FUT là qu'il NOMMA le
maréchal Mortier gouverneur de cette capitale. (64)

(DE SÉGUR.)

194. LE VILLAGEOIS ET LE FROMAGE.

Un rustre en son buffet AVAIT MIS un fromage,
Lorsque par une fente *il aperçoit* un rat ;
Vite il y fait entrer son chat,
Afin d'empêcher le dommage ;
Mais notre minis, aux aguets,
Mange le rat d'abord, et le fromage après. (64)

(LE BAILLY.)

195. Mais quand l'âge EUT DONNÉ aux jeunes lionceaux nés par les soins de Maldonata et élevés avec elle l'instinct de chercher eux-mêmes leur proie , avec la force de l'atteindre et de la dévorer; cette famille se *dispersa* dans les bois. (64)

(RAYNAL.)

196. *Quand* le moment *viendra* d'aller trouver les morts,
J'AURAI VÉCU sans soins , et mourrai sans remords. (65)
(LA FONTAINE.)

197. Né pauvre, je MEURS pauvre, et j'AI VÉCU content. (66)
(DELILLE.)

ANALYSE. *Meurs* est à l'indicatif , parce que l'action de *mourir* est affirmée d'une manière absolue, indicative.

198. Ma foi ! sur l'avenir bien fou qui se FIERA. (66)
(RACINE.)

199. Ne DÉSIREZ point l'impossible et REGARDEZ tout ce qui est injuste comme impossible. (66)

(CHILON de Lacédémone.)

200. Tel SERAIT DEVENU un grand homme, *s'il avait connu* son fort, et perfectionné le principal de ses talents. (66)   (SAINT-EVREMONT.)

201. Qui *doute que* les enfants ne CONÇOIVENT, qu'ils ne JUGENT, qu'ils ne RAISONNENT conséquemment? Si c'est seulement sur de petites choses, c'est qu'ils sont enfants , sans une longue expérience. (66)
(LA BRUYÈRE.)

202. La rage de MÉDIRE, est une impertinence. (66)

(GOSSE.)

203. Il est doux et glorieux de MOURIR pour la patrie. (66)   (HORACE.)

204. L'HOMME ET LA MARMOTTE.

La marmotte VENAIT de FINIR son long somme,
Sommeil de six mois seulement :
N'AS-*tu* pas honte, lui DIT *l'homme*,
De DORMIR si profondément ?
— *Tu* n'en PARLES que par envie,
RÉPONDIT *la marmotte*, et *tu* me FAIS pitié :
J'AIMERAIS mieux DORMIR durant toute ma vie,
Que d'en PERDRE en plaisirs, comme toi, la moi-
tié. (66)

(GUICHARD.)

ANALYSE. *Venait* est à un mode personnel, parce qu'il a des personnes : *je venais, tu venais, il venait,* etc.

205. Sous *un prince* ADORÉ, tout fleurit, tout prospère. (67)   (LE FRANC DE POMPIGNAN.)

ANALYSE. *Adoré* est un participe, parce que c'est un mot qui tient du *verbe* et de l'*adjectif.* Il tient du verbe, en ce qu'il m rque un temps ; de l'adjectif, en ce qu'il exprime une qualité.

206. Le temps est un vrai brouillon *mettant, re-
mettant, rangeant, dérangeant, imprimant, effaçant,
rapprochant, éloignant* et *rendant* toutes choses bonnes ou mauvaises. (67)

(Madame DE SÉVIGNÉ.)

207. Que ne peut *le courage* AIDÉ de la sagesse?
(67)
(CALLISTHENE.)

208. Oui, c'est *un Dieu* CACHÉ que le Dieu qu'il
faut croire ;
Mais, tout CACHÉ qu'il est, pour révéler sa gloire,
Quels témoins éclatants devant moi RASSEMBLÉS !
(67)
(RACINE fils.)

209. La foudre qu'il (Dieu) fait BRILL-ER à vos
yeux au milieu de vos craintes et de votre espérance, la pluie qu'il VERS-E des nuages pour FÉCOND-ER
la terre stérile, *annonc-ent* sa grandeur à ceux qui
comprennent. (68)   (CORAN.)

ANALYSE. Dans *briller* le radical est *brill*, parce que c'est
la partie du mot qui reste invariable ; *er* est la terminaison,
parce que c'est la partie qui varie d'un bout à l'autre du verbe,
pour en exprimer toutes les modifications.

210. L'ANE ET LE CHEVAL.

Un fier coursier (*) MARCH-AIT sous un riche atte-
lage.
Un âne l'ADMIR-AIT : ah ! que d'or, que d'éclat !
Mais voyant qu'il PORT-AIT cette pompe (**) au
combat :
Tout bien PES-É, dit-il, mon bât vaut davantage.
(68)
(ANONYME.)

____

(*) Un cheval.
(**) *Pompe,* appareil magnifique.

CHAPITRE II. — Verbes *AVOIR* et *ÊTRE*.

I. VERBE AUXILIAIRE *Avoir.*

211. Qui est-ce qui a *suspendu* ce globe de la terre, qui est immobile ? Qui est ce qui en a *posé* les fondements? (69)

(FÉNÉLON.)

ANALYSE. Le mot *a* est un verbe auxiliaire, parce qu'il aide à conjuguer le verbe *suspendre.*

212. Dieux ! le pilote a *crié :* Sainte-Hélène !
Et voilà donc où languit le héros !

(BÉRANGER.)

II. VERBE SUBSTANTIF *Être.*

213. Nul homme ne peut ÊTRE parfaitement heureux dans cette vie. (70)

(HÉSIODE.)

ANALYSE. Le mot *être* est le verbe substantif, parce qu'il est le seul qui exprime l'existence, le seul qui subsiste par lui-même.

214. L'homme EST, dans ses écarts, un étrange
problème.
Qui de nous en tout temps EST fidèle à soi-même?
Le commun caractère EST de n'en point avoir :
Le matin incrédule, on EST dévot le soir. (70)

(ANDRIEUX.)

215. C'EST probablement à la grande diffusion de l'instruction populaire qu'EST DUE la rareté des

supplices en Norwége. La peine de mort y EST presque INCONNUE. (71)

(J.-J. AMPÈRE.)

ANALYSE. Le mot *est* est un temps simple, parce qu'il est
seul, c'est-à-dire, sans auxiliaire.

216. LE PAPILLON ET LE LIS.

ADMIREZ l'azur de mes ailes,
DISAIT au lis majestueux
Un papillon présomptueux ;
VIT-on jamais couleurs plus vives et plus belles !
Le lis lui RÉPONDIT : Insecte vil et fier,
D'où te VIENT cet orgueil étrange ?
As-tu donc OUBLIÉ qu'hier,
Reptile encore obscur, TU RAMPAIS dans la fange ?

(71)

(LE BAILLY.)

Pour faciliter l'étude des verbes *avoir* et *être*, on
les fera conjuguer aux élèves avec quelques petits
mots, comme ci-après :

1° *J'ai soin, j'ai peur, j'ai horreur, j'ai faim, j'ai
soif, j'ai pitié, j'ai tort, j'ai droit, j'ai connaissance,
j'ai permission, j'ai regret, j'ai honte, j'ai besoin, j'ai
ordre, j'ai commission, j'ai défense, j'ai foi, j'ai
froid, j'ai chaud, etc.*

2° *Je suis sage, je suis prudent, je suis libre, je
suis riche, je suis pauvre, je suis honteux, je suis constant, je suis brave, je suis innocent, je suis pieux, je
suis soumis, je suis zélé, je suis vif, je suis violent,
je suis studieux, je suis colère, je suis propre, je suis
léger, je suis hardi, je suis industrieux, je suis malade, etc.*

CHAPITRE III. — Des Verbes attributifs.

217. *Dieu* TIENT *les rênes* de tous les royaumes ;
il A tous *les cœurs* en sa main. (77)

(Bossuet.)

ANALYSE. *Tient* est un verbe actif, parce que l'action de *tenir* est faite par le sujet *Dieu*, et qu'elle se rapporte directement au nom *rênes*.

218. Combien de *pauvres* SONT OUBLIÉS ! (78)

(Bourdaloue.)

219. A mesure que *l'homme* S'APPROCHE des éléments de la nature, *les principes* de sa science s'évanouissent. (79)

(Bernardin de Saint-Pierre.)

220. *La vie* des morts CONSISTE dans le souvenir des vivants. (80)

(Sentence Cophte.)

221. IL FAUT semer pour moissonner. (81)

(Proverbe Français.)

RÉCAPITULATION.

222. Attends-*toi* à ÊTRE TRAITÉ comme *tu* AURAS TRAITÉ *les autres*. (77 et 78)

(P. Syrus.)

223. L'ÉTANG ET LE RUISSEAU.

L'étang, fier de la nappe d'eau
Qu'il DÉPLOYAIT dans la prairie.

Traitait de fuyard *le ruisseau*,
Qui lui fit cette repartie :
Oui, fainéant, *je fuis ton sort*,
Quand je m'éloigne de ma source :
De ce limon où *ton eau* dort
Je me préserve par ma course. (77, 79, 80).

(Coffin.)

224. Nous nous lassons à courir sans cesse après un fantôme de bonheur, *qui*, au moment que nous croyons le tenir, nous échappe et s'évanouit. (79 et 80) (Massillon.)

225. *Les hommes* passent comme les fleurs *qui* s'épanouissent le matin, et *qui* le soir sont flétries et foulées aux pieds. (78, 79, 80)

(Fénélon.)

226. LE TURBOT, LA SOLE ET LA BALEINE (*).

Messire *le turbot* vantait *sa taille* énorme
    A la sole *qu'il* effrayait.
    *La baleine. qui l'*entendait,
Riait du glorieux et de sa mince forme.
Ne te vante jamais ; mais veux-tu te vanter,
    Prends garde à qui peut t'écouter. (77, 79,
        80)

(Du Belloy.)

227. *La véritable éloquence* consiste à dire tout ce qu'il faut et à ne dire que ce qu'il faut. (80 et 8;)

(La Rochefoucauld.)

(*) Poissons de mer.

228. IL VAUT mieux S'EXPOSER à l'ingratitude, qué
de MANQUER aux misérables. (79, 80, 81)

(LA BRUYÈRE.)

____

CONJUGAISON DES VERBES ACTIFS.

229. Heureux qui peut ainsi SECOURIR la vieillesse,
Dans la force de l'âge ASSISTER la faiblesse,
HONORER le malheur par des soins consolants,
Et RENDRE comme au ciel hommage aux cheveux
blancs. (82)

(DUCIS.)

ANALYSE. *Secourir* est de la première conjugaison, parce
qu'il a le présent de l'infinitif terminé en *ir*.

230. On commence à VOIR les pyramides, ces
montagnes factices, dix-huit lieues avant d'y arriver. (82)   (VOLNEY.)

231. C'est un superbe et terrible spectacle de VOIR
des rivières de feu BONDIR à flots étincelants au travers des montagnes de neige, et s'y CREUSER un lit
vaste et profond. (82)   (MARMONTEL.)

____

VERBES A CONJUGUER.

VERBES ACTIFS.

I CONJUGAISON. Sur *chanter :*

Aider, *armer*, *rimer*, *limer*, *animer*, *ramer*, *tra-*
mer, *trimer;* 2° *bomber*, *plomber*, *absorber*, et les
verbes en BER ; 3° *bander*, *border*, *guider*, *accorder*,
et les verbes en DER ; 4° *biffer*, *coiffer*, *greffer*, et
les verbes en FER ; 5° *boucher*, *coucher*, *toucher*, et les
verbes en HER ; 6° *couler*, *filer*, *mêler*, *rouler*, et
les verbes en LER ; 7° *blâmer*, *calmer*, *fumer*, et les
verbes en MER ; 8° *donner*, *miner*, *sonner*, et les

verbes en NER ; 9° *couper*, *frapper*, *tromper*, et les verbes en PER ; 10° *appliquer*, *piquer*, *risquer*, et les verbes en QUER ; 11° *comparer*, *enterrer*, *ferrer*, et les verbes en RER ; 12° *chasser*, *danser*, *penser*, et les verbes en SER ; 13° *chanter*, *sauter*, *vanter*, et les verbes en TER ; 14° *braver*, *couver*, *trouver*, et les verbes en VER ; 15° *fixer*, *taxer*, et les verbes en XER.

II CONJUGAISON. Sur *punir:*

Tenir, *munir*, *polir*, *embellir*, *finir*, *fournir*, *ternir*, *vernir*, *bénir*, *avertir*, *nourrir*, *régir*, *abolir*, *amollir*, *rougir*, *fouir*, *réussir*, *verdir*, *roussir*, *vomir*, *emplir*, *remplir*, *crépir*, *rôtir*, etc., et leurs composés.

III CONJUGAISON. Sur *percevoir:*

Apercevoir, *recevoir*, *concevoir*, *décevoir*, *devoir*, *avoir*, *redevoir.*

IV CONJUGAISON sur *vendre:*

Rendre, *pendre*, *fendre*, *tendre*, *pondre*, *fondre*, *tondre*, *perdre*, *mordre*, *tordre*, *rompre*, etc., et leurs composés.

VERBES PASSIFS.

Sur *être aimé:*

Être chanté, *puni*, *perçu*, *vendu*, etc. — Le participe passé de tous les verbes actifs forme un verbe passif.

VERBES RÉFLÉCHIS.

Sur *se flatter:*

S'aimer, *se punir*, *se devoir*, *se pendre*, *se rendre*, *se chérir*, *s'armer*, *s'irriter*, *s'affaiblir*, *s'amollir*, etc. — La plupart des verbes actifs sont aussi réfléchis.

VERBES ABSOLUS.

I. Sur *chanter :*

Parler, travailler, marcher, veiller, exister, sub-sister, pulluler, bâiller, vieillir, obéir, agir, jouir, etc, et tous ceux qui prennent l'auxiliaire *avoir.*

II. Sur *Tomber :*

Arriver, rester, entrer, passer, décéder, montrer, périr, descendre, etc. , et tous ceux qui prennent l'auxiliaire *être.*

VERBES UNIPERSONNELS.

Sur *il importe :*

Il arriva, il résulte, il manque, il reste, on parle, on raconte, on publie, etc.

VERBES A CONJUGUER AVEC DES ADJECTIFS PRONOMINAUX POSSESSIFS.

VERBES ACTIFS.

I CONJUGAISON.

Aimer son père, adorer son Dieu, honorer ses parents, réciter sa leçon, chanter sa victoire, vanter ses exploits, respecter ses maîtres, flatter son frère, aider ses semblables.

II CONJUGAISON.

Finir son devoir, bâtir sa maison, punir ses élèves, réunir ses amis, bénir la Providence, polir son ouvrage, affranchir ses esclaves, fournir sa part, ternir sa gloire, fouir son champ.

III CONJUGAISON.

*Apercevoir son pays, recevoir ses gages, concevoir

son projet, décevoir ses ennemis, percevoir son dû, devoir son bien, redevoir ses loyers.

IV Conjugaison.

Rendre ses hommages, attendre sa récompensé, rompre ses chaînes, tondre ses moutons, vendre son patrimoine, tendre ses piéges, prendre son livre, apprendre sa leçon.

VERBES PASSIFS.

Être aimé de son père, être chéri de sa mère, être puni par son maître, être reçu par ses parents, être attendu par ses amis, être frappé par son camarade, être averti par son frère.

VERBES ABSOLUS.

Obéir à son roi, veiller à sa conservation, parler à son tour, travailler à son devoir, arriver dans sa maison, rester dans son logis, entrer dans son appartement, monter à sa chambre.

___

FORMATION DES TEMPS.

252. LE PAON ET LE ROSSIGNOL.

Le paon de son plumage *étalant* les rubis,
Fixait par leur éclat les regards *éblouis* ;
On *admirait* encor sa superbe attitude.
    A quatre pas de là,
    Le rossignol *chanta* :
La cour du paon *se change* en solitude. (99)
(BOISARD.)

ANALYSE. *Étalant* est au participe présent. C'est un temps primitif, parce qu'il forme le présent relatif de l'indicatif. — *Fixait* est au présent relatif de l'indicatif. C'est un temps dérivé, parce qu'il est formé du participe présent par le changement de *ant* en *ais*.

233. Pour *juger* du bonheur de l'homme, *attendons* le jour où la mort viendra le frapper de sa faux. On ne *saurait* lui donner le nom d'heureux, avant qu'il *ait rendu* le dernier soupir. (99)   (OVIDE.)

234. LES DEUX MULETS.

Deux mulets *cheminaient*, l'un d'avoine *chargé*,
  L'autre *portant* l'argent de la gabelle.
Celui-ci, glorieux d'une charge si belle,
N'*eût voulu* pour beaucoup en être soulagé.
    Il *marchait* d'un pas relevé,
    Et *faisait* sonner sa sonnette :
    Quand l'ennemi se *présentant*,
    Comme *il* en *voulait* à l'argent,
Sur le mulet du fisc une troupe se *jette*,
    Le saisit au frein, et l'*arrête*.
    Le mulet, en *se défendant*,
Se sent *percer* de coups ; il *gémit*, il *soupire*,
Est-ce donc là, *dit*-il, ce qu'on m'*avait promis*?
Le mulet qui me *suit*, du danger *se retire* ;
    Et moi, j'y TOMBE et j'y PÉRIS.
    Ami, lui dit son camarade,
Il n'*est* pas toujours bon d'avoir un haut emploi :
Si tu n'*avais servi* qu'un meunier, comme moi,
    Tu ne *serais* pas si malade. (99)

(LA FONTAINE.)

235. Il y a de certains biens que l'on *désire* avec emportement, et dont l'idée seule nous *enlève* et nous *transporte* : s'il nous *arrive* de les obtenir, on les sent plus tranquillement qu'on ne l'*eût pensé*, on en *jouit* moins que l'on n'*aspire* encore à de plus grands. (99)   (LA BRUYÈRE.)

236. BON MOT DE SOCRATE.

Antisthène le philosophe,
Pour *être* du peuple *admiré*,
S'*habillait* d'une vile étoffe,
Affectant de porter un manteau *déchiré*.
Chacun dans ses desseins se *flatte :*
Il *prétendait* par-là se *mettre* en grand crédit.
Je *vois* fort bien, lui *dit* Socrate,
Ton orgueil au travers des trous de ton habit. (99)

(ANONYME.)

237. Le triomphe des méchants *est* de peu de durée, et la joie de l'hypocrite n'*est* que pour un moment. Quand sa hauteur *monterait* jusqu'aux cieux, et que sa tête *atteindrait* jusqu'aux nues, il *périra* pour toujours comme ses ordures; et ceux qui l'*auront* vu, *diront :* où est-il? Il s'en *sera envolé* comme un songe, et on ne le *trouvera* plus; et il s'en *fuira* comme une vision de la nuit. (99)

(JOB.)

238. LA CIGALE ET LA FOURMI.

La cigale *ayant chanté*
Tout l'été
Se trouva fort dépourvue
Quand la bise *fut venue*.
Pas un seul petit morceau
De mouche ou de vermisseau :
Elle alla *crier* famine
Chez la fourmi sa voisine,
La *priant* de lui prêter
Quelque grain pour *subsister*
Jusqu'à la saison nouvelle.
Je vous *paierai*, lui dit-elle,

Avant l'oût , foi d'animal,
Intérêt et principal.
La fourmi n'*est* pas prêteuse ;
C'est-là son moindre défaut :
Que *faisiez*-vous au temps chaud ?
Dit-elle à cette emprunteuse.—
Nuit et jour, à tout venant,
Je *chantais* , ne vous déplaise.—
Vous *chantiez !* j'en suis fort aise :
Hé bien, *dansez* maintenant. (99)

(LA FONTAINE.)

259. La vie *est* courte et ennuyeuse; elle se *passe* toute à *désirer :* l'on *remet* à l'avenir où les meilleurs biens *ont* déjà *disparu,* la santé , la jeunesse. Ce temps *arrive, qui* nous *surprend;* la fièvre nous *saisit,* nous *éteint.* Si l'on *eût guéri,* ce n'était que pour *désirer* plus long-temps. (99)   (LA BRUYÈRE.)

240. XÉNOCRATE ET LE MOINEAU.

Poursuivi par un épervier ,
Un moineau tout *tremblant* vint se réfugier
Sur les genoux de Xéno crate.
Le tendre philosophe *étendant* son manteau,
En *couvre* le petit oiseau ,
Puis dans son sein le *réchauffe* et le *flatte.*
Hélas ! *dit*-il, on en *veut* à ses jours :
Il *est* faible, innocent... Je lui *dois* mon secours
(99)

(BOISARD.)

DÉSINENCES *ou* FINALES DES TEMPS SIMPLES.

241. Dieu! qui *nommas* le jour et *séparas* de la nuit le matin , jusqu'alors confondu avec elle ; toi qui *di-*

visas les flots et *appelas* une partie de ton ouvrage le firmament..... salut! (101)   (LORD BYRON.)

ANALYSE. *Nommas* prend un *s*, parce qu'il est à la deuxième personne du passé absolu de l'indicatif.

242. Il me *semble* qu'il y a toujours des signes éclatants qui *préparent* la naissance des hommes extraordinaires, comme si la nature *souffrait* une espèce de crise, et que la puissance céleste ne les *produisît* qu'avec effort. (101)

(MONTESQUIEU.)

243. LE RENARD ET LE BUSTE.

Les grands, pour la plupart, *sont* masques de
théâtre ;
Leur apparence *impose* au vulgaire idolâtre.
L'âne n'en *sait* juger que par ce qu'il en *voit* :
Le renard, au contraire, à fond les *examine*,
Les *tourne* de tout sens ; et quand il s'aperçoit
Que leur fait n'est que bonne mine,
Il leur *applique* un mot, qu'un buste de héros
Lui *fit* dire fort à propos.
C'*était* un buste creux et plus grand que nature.
Le renard, en louant l'effort de la sculpture :
Belle tête, *dit*-il, mais de cervelle point.
Combien de grands seigneurs *sont* bustes en ce
point. (101)
(LA FONTAINE.)

244. O toi qui peux jouir d'un doux sommeil, *pense* à ceux que la douleur *empéche* de dormir ! ô toi qui *marches* lestement, *aie* pitié de ton compagnon qui ne *peut* te suivre ! ô toi qui *es* opulent, *songe* à celui que la misère *accable*. (101)
(PROVERBE PERSAN.)

245. Mon ame, *bénis* l'éternel. O éternel, mon Dieu ! vous *êtes* merveilleusement grand, vous *êtes* revêtu de la majesté et de la magnificence. Il s'*enveloppe* de la lumière comme d'un vêtement, il *étend* les cieux comme un voile. (101)   (DAVID.)

246. LE TORRENT ET LE RUISSEAU.

Un torrent qui *roulait* ses flots impétueux,
Fier du bruit qu'*il faisait,* en tombant des mon-
     Insultait d'un air fastueux   (tagnes,
Un clair ruisseau dont l'onde *arrosait* les cam-
                                            pagnes.
Le paisible ruisseau ne *répondit* qu'un mot :
Malheur à ceux dont l'emploi redoutable
Est de faire aux mortels un mal inévitable !
Je n'*envirai* jamais un aussi triste lot.
 Quand ta bruyante voix me *déclare* la guerre,
J'en *triomphe,* bien loin de m'en *formaliser ;*
Je *préfère* à l'emploi de ravager la terre,
     Celui de la fertiliser. (101)
                              (PESSELIER.)

247. Il n'y a rien que les hommes *aiment* mieux à conserver, ni qu'ils *ménagent* moins que leur propre vie. (101)   (La BRUYÈRE.)

248. Il *serait* difficile de supposer l'existence d'une vertu qui, dans un degré quelconque, ne *participât* d'un sentiment religieux. (101)
                              (KÉRATRY.)

249. Dieu ! qui, aimant, créant, bénissant toutes choses, *permis* toutefois que le serpent *rampât* au milieu d'elles et *fit* chasser mon père du paradis, *préserve-*nous de tout autre mal à venir.... salut !... salut ! (101)   (LORD BYRON.)

250. LE CORBEAU ET LE RENARD.

Maître corbeau, sur un arbre perché,
Tenait en son bec un fromage.
Maître renard, par l'odeur alléché,
Lui *tint* à peu près ce langage :
Hé ! bonjour, monsieur du corbeau !
Que vous *êtes* joli, que *vous* me!*semblez* beau
Sans mentir, si votre ramage
Se *rapporte* à votre plumage,
Vous *êtes* le phénix des hôtes de ces bois.
A ces mots le corbeau ne *se sent* pas de joie ;
Et, pour montrer sa belle voix,
Il *ouvre* un large bec, *laisse* tomber sa proie.
Le renard s'en *saisit*, et *dit :* Mon bon monsieur,
Apprenez que tout flatteur
Vit aux dépens de celui qui *l'écoute :*
Cette leçon *vaut* bien un fromage, sans doute.
Le corbeau, honteux et confus,
Jura, mais un peu tard, qu'on ne l'y *prendrait*
plus. (101)
(LA FONTAINE.)

251. Mon ame, *bénis* l'Éternel, et que tout ce
qui *est* au-dedans de moi *bénisse* le nom de sa sainteté. Mon ame, *bénis* l'Éternel, et n'*oublie* pas un de
ses bienfaits. C'est lui qui le *pardonne* toutes tes ini-
quités, qui *guérit* toutes tes infirmités. (101)
(DAVID.)

252. Dieu ! qui des élémens *composas*... la terre...
l'océan..... l'air..... .. et le feu ; toi qui, avec le
jour, la nuit et les mondes éclairés ou obscurcis
par eux tour à tour, *créas* des êtres pour en jouir,
les aimer, et en être aimé toi-même,.... salut !. salut !.
(101)
(LORD BYRON.)

LIVRE TROISIÈME.

DES PARTICULES.

CHAPITRE PREMIER. — DE L'ADVERBE.

255. PORTRAIT DE L'HOMME TRANQUILLE.

Il se lève *tranquillement*,
Déjeûne *raisonnablement*,
Dans le Luxembourg *fréquemment*,
Promène son désœuvrement,
Lit la gazette *exactement*,
Quand il a dîné *largement*,
Chez sa voisine Clidamaut
S'en va causer très *longuement*,
Revient souper *légèrement*,
Rentre dans son appartement,
Dit son pater *dévotement*
Se déshabille *lentement*,
Se met au lit tout *doucement*,
Et dort bientôt *profondément* :
Ah ! le pauvre monsieur Clément. (102)

Pons.)

ANALYSE. *Tranquillement* est un adverbe, parce que ce mot modifie l'action du verbe *se lève*. C'est un adverbe de manière, formé de l'adjectif *tranquille*.

254. Il ne faut *pas* avoir honte de demander ce que l'on ne sait pas. (102)

(SENTENCE ARABE.)

255. Il faut *bien* des pelletées de terre pour enterrer la vérité. (102)   (Proverbe Suisse.)

256. Il vaut *mieux* succomber dans une cause
juste et légitime, que de reculer *honteusement*. (102)
                                    (Cicéron.)

257. Il n'y a pas moins *quelquefois* d'habileté à
savoir profiter d'un bon conseil qu'à se *bien* con-
seiller soi-même. (102)   (La Rochefoucauld.)

258. Du bien, j'en aurais *moins*, que j'en aurais
                                            assez.
A qui vit sans désirs, en faut-il *davantage ?* (102
                        Régnier Desmarets.)

259. Il n'est *jamais* tard pour faire du bien. (102)
                        (Proverbe Français.)

260. Qui pardonne *aisément*, invite à l'offenser.
                                            (102)
                            (Corneille.)

261. L'oisiveté ressemble à la rouille; elle use
beaucoup plus que le travail. (102)
                        (Proverbe Français.)

262. *Sans cesse* l'importun demande, sollicite;
On le trouve *partout*, et l'on n'entend que lui.
C'est ainsi qu'on obtient les faveurs *aujourd'hui*,
Et l'on va *rarement* au devant du mérite. (102)
                            (Richer.)

263. Le contraire des bruits qui courent des affaires ou des personnes, est *souvent* la vérité. (102)
                        (La Bruyère.)

264 .On aime *mieux* dire du mal de soi-même
que de n'en *point* parler. (102)
                    (La Rochefoucauld.)

265. Ce n'est pas en vivant *long-temps*, c'est en voyant beaucoup qu'on apprend quelque chose. (102)

(MAXIME TURQUE.)

266. *Peu* de médecins,
Peu de médecine
Point de chagrins,
Sobre ruine,
Si tu prétends
Vivre *long-temps*. (102)

(PROVERBE FRANÇAIS.)

267. Un service rendu *à propos*, fût-il même léger, peut faire oublier une grande offense. (102)

(THUCYDIDE.)

268. L'orgueil a été *de tout temps* la plaie la plus dangereuse de l'homme. (102)   (MASSILLON.)

269. La mémoire, comme les livres qui restent *long-temps* renfermés dans la poussière, demande à être déroulée *de temps en temps;* il faut, pour ainsi dire, en secouer les feuillets, afin de la trouver en état au besoin. (102)   (SÉNÈQUE.)

CHAPITRE II. — DE LA PRÉPOSITION.

270. LE DINDON.

Un dindon *sans* esprit, et croyant en avoir
(*Dans* plus d'un cerveau creux cette erreur germe
et pousse),
Devant quelques oiseaux pérorait l'autre soir...,
Comme on pérore quand on glousse.
Un d'eux lui décocha ce mot :

« Triomphe, ami dindon, sois content *de* toi-
même ;
« Mais apprends, *en* dépit *de* ton orgueil extrême,
« Que tu ne contentes qu'un sot. » (103)
(LE FILLEUL DES GUERROTS.)

ANALYSE. Le mot *sans* est une préposition, parce qu'il indique le rapport qui existe entre *dindon* et *esprit*.

271. Heure *à* heure tout notre temps s'enfuit.
(103)
(PROVERBE ITALIEN.)

272. LA DOULEUR ET L'ENNUI.

Mourant *de* faim, un pauvre se plaignait ;
Rassasié *de* tout, un riche s'ennuyait :
    Qui des deux souffrait davantage ?
Écoutez *sur* ce point la maxime d'un sage :
    De la douleur et *de* l'ennui
    Connaissez bien la différence :
L'ennui ne laisse plus *de* désirs *après* lui ;
Mais la douleur *près* d'elle a toujours l'espérance.
(103)
(HOFFMAN.)

273. Les jeunes gens, *à cause des* passions qui
les amusent, s'accommodent mieux *de* la solitude
que les vieillards. (203)   (LA BRUYÈRE.)

274. LE SINGE APPLAUDI.

Dans un cercle *de* ses confrères,
Un jeune singe, adroit comme on n'en voyait
guères,
Fit un très-joli tour : mes singes d'applaudir.
    D'aise *en* sa peau, signe *de* faible tête,
    L'animal a peine *à* tenir :
Il veut recommencer,.... il n'est plus qu'une bête.

L'éloge *pour* le sot est un écueil fatal ;
Louez-le *de* bien faire, aussitôt il fait mal. (203)

(GUICHARD.)

275. L'intrépidité est une force extraordinaire *de*
l'ame qui l'elève *au-dessus des* troubles, des désor-
dres et des émotions que la vue des grands périls
pourrait exciter *en* elle : c'est par cette force que
les héros se maintiennent *en* un état paisible, et conservent l'usage libre de leur raison *dans* les acci-
dents les plus surprenants et les plus terribles. (203)

(LA ROCHEFOUCAULD.)

276. L'ARAIGNÉE ET LE VER A SOIE.

L'araignée *en* ces mots raillait le ver à soie :
Bon Dieu, que *de* lenteur dans tout ce que tu fais !
Vois combien peu *de* temps j'emploie
A tapisser un mur d'innombrables filets.
— Soit, répondit le ver: mais ta toile est fragile ;
Et puis *à* quoi sert-elle ? *à* rien.
Pour moi, mon travail est utile ;
Si je fais peu, je le fais bien. (103)

(LE BAILLY.)

277. L'esprit *de* parti abaisse les plus grands
hommes *jusques aux* petitesses du peuple. (105)

(LA BRUYÈRE.)

CHAPITRE III. — DE LA CONJONCTION.

278. LA VIPÈRE ET LA SANGSUE.

Nous piquons toutes deux, commère,
A la sangsue un jour disait une vipère ;

Et l'homme cependant, te recherche *et* me fuit ;
D'où vient cela ?—D'où vient ? réplique la sangsue;
  C'est que ta piqûre le tue,
  Et que la mienne le guérit. (104)-
                    (LE BAILLY.)

ANALYSE. *Et* est une conjonction, parce que ce mot lie, conjoint deux parties de phrase.

279. Il est, sans contredit, plus pénible à l'honnête homme de résister aux désirs qu'il doit vaincre *que* de prévenir, changer *ou* modifier ces mêmes désirs dans leur source, *s'il* était en état d'y remonter. Un homme tenté résiste une fois, *parce qu'il* est fort ; et succombe une autre fois, *parce qu'il* est faible; *s'il* eût été le même *qu'*auparavant, il n'aurait pas succombé. (104)   (J.-J. ROUSSEAU.)

280. LES DEUX COQS.

  Ami, jouons-tout notre grain ,
  Disait un coq à son voisin ;
Celui qui volera plus haut *que* cette porte
  Trois fois de suite, aura tout le butin.
  — *Si* ton agilité l'emporte ,
Répondit celui-ci, je mourrai *donc* de faim ;
L'homme seul prend plaisir à jouer de la sorte.
Gardons-nous d'imiter son ardeur pour le gain.
                    (104)
                    (BARBE.)

281. Rome n'était pas proprement une monarchie *ou* une république, *mais* la tête d'un corps formé par tous les peuples du monde. (204)
                    (MONTESQUIEU.)

282. Les enfants n'ont *ni* passé *ni* avenir; et ce qui ne nous arrive guère, ils jouissent du présent. (204)
                    (LA BRUYÈRE.)

283. LE RENARD ET LES RAISINS.

Certain renard gascon, d'autres disent normand,
Mourant presque de faim, vit au haut d'une treille
Des raisins, mûrs apparemment,
Et couverts d'une peau vermeille.
Le galant en eût fait volontiers un repas.
Mais comme il n'y pouvait atteindre :
Ils sont trop verts, dit-il, *et* bons pour des goujats :
Fit-il pas mieux *que* de se plaindre ? (104)
(LA FONTAINE.)

284. Le sage est toujours assez riche : *mais* il est
bien rare *que* le riche soit sage. (104)
(THALÈS.)

285. Il y a des choses que tout le monde dit,
*parce qu'*elles ont été dites une fois. (104)
(MONTESQUIEU.)

CHAPITRE IV. — DE L'INTERJECTION.

286. On peut bien se flatter quelquefois dans la
vie :
J'ai, par exemple, hier, mis à la loterie,
Et mon billet enfin pourrait bien être bon.
Je conviens que cela n'est pas certain : *oh !* non ;
Mais la chose est possible, et cela doit suffire.
(105)
(COLLIN D'HARLEVILLE.)

ANALYSE. *Oh !* est une interjection, parce que c'est un
mot qui se jette, qui s'interjette dans le discours, pour exprimer un mouvement subit de l'âme.

287. *Hélas !* la justice et la piété se sont retirées
aux cieux.　　　　　　　(CHRISTOPHE COLOMB.)

288. *Parbleu!* dit le meunier, est bien fou du
cerveau
Qui prétend contenter tout le monde et son père.
(105)
(LA FONTAINE.)

289. Observez bien les rois, et vous direz : *Hélas !*
Trop heureux qui sait l'être : heureux qui ne l'est
pas ! (105)
(LE FRANC DE POMPIGNAN.)

290. *O prospérité ! ô prospérité !* qui peut donc
se fier à toi ? Le héros, le juste, le sage Bélisaire !...
Ah! c'est pour le coup qu'il faut se croire heureux
en béchant son jardin. (105)   (MARMONTEL.)

291. *Hélas!* est-ce une loi, sur notre pauvre terre,
Que toujours deux voisins auront entre eux la
guerre ;
Que la soif d'envahir et d'étendre ses droits
Tourmentera toujours les meuniers et les rois ?
(105)
(ANDRIEUX.)

———

RÉSUMÉ DES TROIS PREMIERS LIVRES.

292. L'ENFANT ET LA NOIX.

Fanfan vit une *noix* dans *le* fond d'un armoire :
De ce fruit il était *friand ;*
Il s'en empare au même instant,
Comme *il* est aisé de le croire ;
Mais en cassant la noix, ô *fatal* accident !
Mon drôle se casse une *dent*,
Et *la* maudite noix *se* trouve toute *noire*. (106)
(LE BAILLY.)

ANALYSE. *Fanfan* est un nom propre, parce qu'il ne convient qu'à une seule personne.

293. *Vanité* des *vanités*, et tout est *vanité*. (106)
(SALOMON.)

294. Cet amour, cette charité pure que je *recommande*, *est* une affection constante de notre ame, un mouvement conforme, qui nous *détache* de nos propres intérêts, nous fait *embrasser* l'humanité entière, *regarder* tous les hommes comme s'ils ne faisaient qu'un corps avec nous, et n'*avoir* avec nos semblables, qu'un même sentiment dans le malheur et dans la prospérité. (106)   (CONFUCIUS.)

295. L'HORLOGE ET LE COQ D'UN CLOCHER.

Certaine horloge un jour dit au coq d'un clocher (*) :
Tourner au moindre vent, quelle tête légère !
— Est-ce à toi, *répond* l'autre, à me le reprocher ?
Marquer d'où le vent souffle *est* mon unique affaire.
— C'est *agir* sans *savoir*. — Toi-même es dans ce cas.
— Comment ? — Tu montres l'heure, et tu ne la sais pas. (106)
(LE BAILLY.)

296. .... Le père commun de tous tant que nous sommes
Nourrit également les fourmis et les hommes. (106)
(RACINE fils.)

297. L'envie *est* une rouille qui *ronge* le fer. (106)
(BARTHÉLEMY.)

____

(*) Espèce de girouette.

298. Le latin dans les mots *brave* l'honnêteté ;
Mais le lecteur français veut *être respecté*. (106)

(BOILEAU.)

299. Le peuple des oiseaux, quand le temps les
dévore,
Tombe, et *reste* englouti dans l'éternel sommeil :
Le phénix sait revivre et *s'élancer* encore
Aux palais du soleil. (106)

(JEAN POLONIUS.)

300. LA VIEILLESSE.

Si l'homme, parvenu à l'âge viril, *jouit* de tout son être, s'il est alors *arrivé* au plus haut degré de sa puissance, il va bientôt en *déclinant :* chaque jour ses facultés *s'affaiblissent*, les forces de son corps diminuent ; il *passe* à la vieillesse. Que cet état, digne de tous nos hommages, ne *soit introduit* sur la scène tragique que pour *intéresser*, que pour y faire *verser* des larmes ! (106)

(LACÉPÈDE.)

301. LA CITROUILLE ET L'ORME.

Advint (*) qu'une citrouille énorme
Dit *autrefois* à certain orme :
Vois mon accroissement. *Eh bien,* j'ai mis cent jours,
Quand d'un siècle le tien employa tout le cours :
Dieu *!* quelle différence extrême !
— C'est vrai, répondit l'orme : *aussi* ta vanité
Équivaut bien *à* ta beauté :
Tu t'accrus *promptement,* tu périras *de même.* (106)

(NIOCHE.)

(*) Il arriva que.

LIVRE QUATRIÈME.

SUPPLÉMENT AUX TROIS PREMIERS LIVRES.

CHAPITRE Ier. — SUPPLÉMENT AUX LETTRES.

302. Remuez votre champ dès qu'on aura fait
l'août. (107)
(LA FONTAINE.)

ANALYSE. *Août* se prononce *oût,* c'est-à-dire que l'*a* ne
ne se fait nullement sentir.

303. Tel brille au *second* rang qui s'éclipse au pre.
mier. (107)
(VOLTAIRE.)

304. Comme le *cerf* altéré soupire après une
source d'eau, ainsi mon ame soupire après vous,
ô mon Dieu ! (107)   (DAVID.)

305. LA POULE AUX ŒUFS D'OR.

L'avarice perd tout en voulant tout gaguer.
Je ne veux, pour le témoigner ,
Que celui dont la poule, à ce que dit la fable,
Pondait tous les jours un *œuf d'or.*
Il crut que dans son corps elle avait un trésor ;
Il la tua, l'ouvrit, et la trouva semblable
A celles dont les *œufs* ne lui rapportaient rien.
S'étant lui-même ôté le plus beau de son bien. (107)
(LA FONTAINE.)

3o6. Le prince de Condé possédait toutes les vertus qui font les *héros*. (107)

(BOURDALOUE.)

3o7. Un *poignard* à la main , l'implacable Athalie
Au carnage animait les barbares soldats. (107)

(RACINE.)

3o8. N'es-tu point , ô *soleil* , un rayon de sa
gloire (de Dieu) ? (107)
(DE LAMARTINE.)

Il n'est, pour voir , que l'*œil* du maître. (107)
(LA FONTAINE.)

3o9. Si l'empire appartenait à la beauté et non à la force , le *paon* serait , sans contredit , le roi des oiseaux. (107)   (BUFFON)

3io. Aux pôles , on ne voit que la moitié du ciel; à l'*équateur* on le voit tout entier. (107)

(LESAGE.)

211. Rapides et fugitifs , les plaisirs des *sens* ne laissent après eux que du vide. (109)

(LA ROMIGUIÈRE.)

312. D'où vous vient aujourd'hui cet air sombre
et sévère ,
Et ce visage enfin plus pâle qu'un rentier ,
A l'*aspect* d'un arrêt qui retranche un quartier ?
(107)
(BOILEAU.)

3i3. Lorsqu'on touche aux pyramides , tout saisit à la fois le cœur et l'esprit d'étonnement, de terreur, d'humiliation , d'admiration , de *respect*.
(107)
(VOLNEY.)

CHAPITRE II. — Supplément au Nom.

FORMATION DU PLURIEL.

314. Par la grace du Ciel ils ne sont pas venus,
Ces *maux* dont vous craigniez les rigueurs inhu-
maines ;
Mais qu'ils vous ont coûté des peines,
Les *maux* que vous n'avez pas eus. (108)
(Cailli.)

Analyse. *Maux* est le pluriel de *mal*, parce que les noms
en *al* ont le pluriel en *aux*.

315. On soumet les jeunes Spartiates à des *travaux* qui remplissent presque tous les moments de
leur journée. (108)   (Barthélemy.)

316. De tout temps les *chevaux* ne sont nés pour
les hommes. (108)
(La Fontaine.)

317. Dans toute société, soit des *animaux*, soit
des hommes, la violence fit les tyrans, la douce
autorité fait les rois. (108)   (Buffon.)

318. Il est de ces esprits favorisés des cieux,
Qui sont tout par eux-mêmes, et rien par leurs
aïeux.
(Voltaire.)

319. N'avez-vous pas vu comme il agite légèrement les nuages, comme il les pousse dans les airs,
les rassemble, les entasse? Alors la pluie tombe de

leur sein entr'ouvert ; alors des montagnes semblent descendre des *cieux :* la grêle frappe où il veut ; il la détourne à son gré , et l'éclat de la foudre éblouit les faibles *yeux* des mortels. (108)   (CORAN.)

320. On ne méprise point les *travaux* nécessaires: Les états sont égaux, et les hommes sont frères. (108)
(VOLTAIRE.)

321. Les *végétaux* sont les caractères du livre de la nature. (108)   (BERNARDIN DE SAINT-PIERRE.)

322. LE SINGE , L'ANE ET LA TAUPE (*).

De leurs plaintes sans fin , de leurs souhaits sans
bornes ,
Le singe et l'âne un jour importunaient les *cieux :*
— Ah ! je n'ai point de queue!—Ah ! je n'ai point
de cornes !
Ingrats, reprit la taupe, et vous avez des *yeux!* (108)
(BOISARD.)

323. La vie est un sommeil, où l'homme , tour
à tour
Jeté de *maux* en *maux* , de mensonge en mensonge ,
Par la main des douleurs est bercé jusqu'au jour.
(108)
(FÉLICIE D'AYZAC.)

324. La nature annonce son réveil à la terre par la voix de tous les *animaux.* (108)   (BERNIS.)

325. Vois ces spectres dorés s'avancer à pas *lents,*
Traîner d'un cœur usé les restes *chancelants ,*
Et, sur un front jauni qu'a ridé la mollesse,

(*) La taupe a des yeux si petits et tellement cachés, qu'elle fasse pour n'en point avoir.

Étaler à trente ans leur précoce vieillesse :
C'est la main du plaisir qui creuse leur tombeau.
(108)

(ECOLE DES MŒURS.)

326. Tout grondait, le tonnerre, les *vents*, les flots, les antres, les montagnes; et, de tous ces bruits réunis, il se formait un bruit épouvantable qui semblait annoncer la dissolution de l'univers. L'aquilon ayant redoublé ses efforts, l'orage alla porter ses fureurs dans les climats *brûlants* de l'Afrique. (108) (BARTHÉLÉMY.)

CHAPITRE III. — SUPPLÉMENT A L'ADJECTIF.

FORMATION DU FÉMININ.

327. Une BONNE *tête* vaut mieux que cent bras.
(109)
(MAXIME DANOISE.)

ANALYSE. Dans l'adjectif *bonne* on double la consonne *n* au féminin, parce que le masculin est terminé par *on*.

328. Ainsi de la vertu les *lois* sont ÉTERNELLES ;
Les peuples ni les rois ne peuvent rien contre elles.
(109)
(RACINE fils.)

329. L'humilité est la véritable preuve des *vertus* CHRÉTIENNES : sans elles nous conservons tous nos défauts, et ils sont seulement couverts par l'orgueil qui les cache aux autres, et souvent à nous-mêmes.
(109)
LA ROCHEFOUCAULD.)

330. Il (*) fondait là-dessus l'achat d'une feuilletto
   Du meilleur vin des environs :
   Certaine *nièce* assez PROPRETTE
   Et sa chambrière Paquette
   Devaient avoir des cotillons. (109)
                    (LA FONTAINE.)

331. Un VIEIL *ami* est toujours une *chose* NOUVELLE.
                              (109)
              (PROVERBE ITALIEN.)

332. C'est en vain qu'au Parnasse un téméraire
                          auteur
Pense de l'art des vers atteindre la hauteur,
S'il ne sent point du ciel l'*influence* SECRÈTE,
Si son astre en naissant ne l'a formé poëte. (109)
                    (BOILEAU.)

333. LE RENARD ET LES RAISINS.

Certain renard gascon, d'autres disent normand,
Mourant presque de faim, vit au haut d'une
                              treille
   Des raisins, mûrs apparemment
   Et couverts d'une *peau* VERMEILLE.
Le galant en eût fait volontiers un repas;
   Mais comme il n'y pouvait atteindre,
Ils sont trop verts, dit-il, et bons pour des gou-
                              jats
   Fit-il pas mieux que de se plaindre ? (109)
                    (LA FONTAINE.)

334. Une BELLE *mort* honore toute la vie. (109)
              (PROVERBE ITALIEN.)

(*) Le curé Jean Chouart qui compte sur sa mort.

335. Loin de nous, vains désirs de ces pompes
suprêmes !
Il faut nous élever, mais c'est contre nous-mêmes,
Et triompher du vice à nos pieds abattu.
Ne cherchons qu'en nous seuls des *conquêtes* NOU-
VELLES :
Et croyons qu'il n'est point de *palmes* ÉTERNELLES
Que celles qu'on reçoit des mains de la vertu.
(109)
(MALLEVILLE.)

336. Une *femme* COQUETTE oublie que l'âge est
écrit sur le visage. (109)   (LA BRUYÈRE.)

337. Tenez toujours divisés les méchants :
La sûreté du reste de la terre
Dépend de là ; semez entre eux la guerre,
Ou vous n'aurez avec eux NULLE *paix*. (109)
(LA FONTAINE.)

338. Je définis ainsi la médisance : une *pente* SE-
CRÈTE de l'ame à penser mal de tous les hommes, la-
quelle se manifeste par les paroles. (109)
(THÉOPHRASTE.)

339. La mode est un tyran dont rien ne nous dé-
livre :
A son bizarre goût il faut s'accommoder ;
Mais sous ses FOLLES *lois* étant forcé de vivre,
Le sage n'est jamais le premier à les suivre
Ni le dernier à les quitter. (109)
(PAVILLON.)

340. Le plus BEL *objet* de l'univers, dit un certain
philosophe, est un honnête homme aux prises avec
l'adversité : il y en a cependant un plus BEL *encore*,
c'est l'honnête homme qui vient le soulager. (109)
(GOLDSMITH.)

341. Avec leurs grands sommets , leurs *glaces*
ÉTERNELLES ,
Par un soleil d'été, que les *Alpes* sont BELLES !
Tout, dans leurs frais vallons , sert à nous en-
chanter ;
La verdure, les eaux, les bois, les *fleurs* NOU-
VELLES. (109)
(AL. GUIRAUD.)

342. Il faut de BONNES *jambes* pour porter un jour
de fortune. (109)   (PROVERBE SUISSE.)

343. Les injustices des pervers
Servent souvent d'excuse aux nôtres.
TELLE est la *loi* de l'univers :
Si tu veux qu'on t'épargne, épargne aussi les au-
tres. (109)
(LA FONTAINE.)

344. Les Allemands sont les mineurs de la pensée;
ils exploitent en silence les *richesses* INTELLECTUELLES
du genre humain. (109)
(MAXIME ALLEMANDE.)

345. LES DEUX CHIENS.

Avec le bon Médor la MIGNONNE *Zinette*
Jouait et l'agaçait sans cesse par ses coups ,
Et Médor s'amusait des coups de la FOLLETTE.
Pourquoi donc maltraiter de plus faibles que
nous ? (109)
(ANONYME.)

346. Pour bien savoir les choses, il faut en savoir
le détail ; et, comme il est presque infini, nos *connais-
sences* sont toujours SUPERFICIELLES et imparfaites. (109)
(LA ROCHEFOUCAULD.

347. Un hymen qui succède à de FOLLES *amours*,
Après quelques douceurs, a bien de mauvais jours.
(109)
(CORNEILLE.)

348. Il y a deux sortes de FAUSSE *gloire :* l'une est
fondée sur un faux merveilleux ; l'autre, sur un
merveilleux réel, mais funeste. (109)
(MARMONTEL.)

349. *Hirondelle* GENTILLE,
Voltigeant à la grille
Du cachot noir.
Vole, vole sans crainte ;
Aux bords de cette enceinte
J'aime à te voir. (109)
(GAZETTE DE SAINTE-PÉLAGIE.)

350. Le retour des oiseaux au printemps est le
premier signal et la DOUCE *annonce* du réveil de la
nature vivante. (109)   (BUFFON.)

351. Le Vésuve en courroux, sous ses monts ca-
verneux,
Recommence à mugir avec un bruit affreux,
Et déchaîne, en poussant une ÉPAISSE *fumée,*
Sur un gouffre tonnant, la tempête enflammée.
(109)
(CASTEL.)

352. La vengeance est le plaisir d'un esprit
étroit, d'une *ame* BASSE et faible. (109)
(JUVÉNAL.)

353. Demandez de la pluie à l'Eternel au temps
de la DERNIÈRE *saison,* et l'Eternel fera des éclairs
et vous donnera une pluie abondante, et à chacun
de l'herbe dans son champ. (110)
(ZACHARIE.)

ANALYSE. L'adjectif *dernière* a le féminin en *ère* avec un accent grave sur l'avant-dernier *e*, parce que le masculin est terminé par *er*.

354. Chez nos dévots aïeux le théâtre abhorré
Fut long-temps de la France un plaisir ignoré
De pélerins, dit-on, une *troupe* grossière
En public à Paris y monta la PREMIÈRE. (110)

(BOILEAU.)

355. Soyez sourds au langage des flatteurs. Leurs
caresses ont naturellement la SINGULIÈRE *vertu* de
plaire, lors même qu'on les repousse ; et, après des re-
fus réitérés, de prendre enfin le dessus. (110)

(QUESTUS.)

356. ..... A peine à la lumière
Ose-t-il (l'homme) entr'ouvrir une faible pau-
pière ,
De mille jeux divers, de mille objets nouveaux
Elle (l'*espérance*) offre à ses regards les mobiles
tableaux ;
Prompte comme ses maux, et comme eux PASSA-
GÈRE ,
Dès qu'il a ressenti leur *atteinte* LÉGÈRE. (110)

(DE SAINT-VICTOR.)

357. N'entrez point dans une *maison* ÉTRANGERE
sans demander permission , et sans saluer ceux qui
l'habitent : l'honnêteté l'exige , et vous ne devez pas
l'oublier (110)   (CORAN.)

358. Recueille, comme autant de *perles* PRÉCIEU-
SES , les paroles de ceux qui sont un océan de science
et de vertu. (111)   (MAXIME TURQUE.)

ANALYSE. L'adjectif *trompeuses* a le féminin en *euse*, parce
que le masculin est terminé par *eux*.

359. Avril a réveillé l'*aurore* PARESSEUSE,
Et les enfants du Nord, dans leur *fuite* ORAGEUSE,
Sur la cime des monts ont porté les frimas. (111)

(MICHAUD.)

360. Au seul mot de la cour, se réveillent dans
votre esprit les *idées* les plus FLATTEUSES. (111)

(L'abbé POULLE.)

361. O vous donc qui, brûlant d'une *ardeur* PÉ-
RILLEUSE,
Courez du bel esprit la *carrière* ÉPINEUSE,
N'allez pas sur des vers sans fruit vous consumer,
Ni prendre pour génie un amour de rimer ;
Craignez d'un vain plaisir les TROMPEUSES *amorces*,
Et consultez long-temps votre esprit et vos forces.
(111)

(BOILEAU.)

362. O courage touchant ! ces tendres BIENFAI-
TRICES ,
Dans un séjour infect, où sont tous les supplices,
De mille êtres souffrants prévenant les besoins ,
Surmontent les dégoûts des plus pénibles soins.
(111)

(LEGOUVÉ.)

363. O puissante nature ! ô grande ENCHANTERESSE!
Tout ce que j'aperçois m'attache et m'intéresse.
(111)

(LA HARPE.)

364. La *chèvre* est VIVE, capricieuse, LASCIVE et
vagabonde. (112)   (BUFFON.)

ANALYSE. L'adjectif *vive* a le féminin en *ve*, parce que le
masculin est terminé par *f*.

365. Pourquoi, PLAINTIVE *Philomèle* (*).
Songer encore à vos malheurs,
Quand, pour apaiser vos douleurs,
Tout cherche à vous marquer son zèle ? (112)
(J.-B. ROUSSEAU.)

366. Que la *nuit* paraît LONGUE à la douleur qui
veille ? (113)
(SAURIN.)

ANALYSE. L'adjectif *long* fait au féminin *longue*, parce que
la prononciation l'exige.

367. Pour me montrer le caractère d'une *fleur*,
les botanistes me *la* font voir SÈCHE, décolorée et
étendue dans un herbier. Est-ce dans cet état que
je reconnaîtrais un lis. (113)
(BERNARDIN DE SAINT-PIERRE.

368. Mais de ces monuments la brillante gaîté,
Et leur luxe moderne, et leur FRAÎCHE *jeunesse*,
D'un auguste débris valent-ils la vieillesse? (113)
(DELILLE.)

369. Il y a des crimes qui deviennent innocents
et même glorieux par leur éclat, leur nombre et
leur excès. De là vient que les *voleries* PUBLIQUES
sont des habiletés, et que prendre des provinces in-
justement s'appelle faire des conquêtes. (113)
(LA ROCHEFOUCAULD.)

370. Craignez-vous pour vos vers la *censure* PU-
BLIQUE ,
Soyez-vous à vous-même un sévère critique. (113)
(BOILEAU.)

(*) Fille de Pandion, roi d'Athènes; elle fut métamorphosée
en rossignol.

371. Parmi les plantes, la mauve rampante avec ses fleurs rayées de pourpre, l'asphodèle avec sa LONGUE *tige* garnie de belles *fleurs* BLANCHES ou jaunes, se plaisent à croître sur les tertres funèbres. (113)

(BERNARDIN DE SAINT-PIERRE.)

372. Les *haines* sont si LONGUES et si opiniâtres, que le plus grand signe de mort dans un homme malade, c'est la réconciliation. (113)

(LA BRUYÈRE.)

373. Ce fut alors qu'Artémise (1), entourée d'ennemis, et sur le point de tomber au pouvoir d'un athénien qui la suivait de près, n'hésita point à couler à fond un vaisseau de l'armée persane. L'athénien, convaincu par cette manœuvre que la reine avait quitté le parti des Perses, cessa de la poursuivre ; et Xerxès, persuadé que le vaisseau submergé faisait partie de la *flotte* GRECQUE, ne put s'empêcher de dire que, dans cette journée, les hommes s'étaient conduits comme des femmes, et les femmes comme des hommes. (113) (BARTHÉLEMI.)

***

RÉCAPITULATION.

374. Les richesses et le monde passent, mais les BONNES *actions* demeurent. (109) (SENTENCE ARABE.)

375. O *vieillesse* CRUELLE ! ô temps qui dans ton cours

Ne t'arrêtes jamais, et ravages toujours !
L'airain s'use, rongé par la *dent* CORROSIVE ;
La vie est une *mort* et lente et successive. (109 et 112)

(DESAINTANGE.)

---

(1) Reine d'Halicarnasse.

376. Qui donc nous amène tous ces mendiants ?
C'est une VIEILLE *femme* laide et noire. Sa robe est
de moitié trop courte, et elle n'a pas de bâton,
quoiqu'elle trébuche à chaque pas, parce qu'elle ne
regarde jamais devant elle : on la nomme dame
Imprévoyance. (109)   (TABLEAU DES GUEUX.)

377. Toutes les POMPEUSES *maisons*
Des princes les plus adorables,
Ne sont que de BELLES *prisons,*
Pleines d'illustres misérables. (109 et 111)
                    (MAINARD.)

378. Des hôtes des bois, les *fauvettes* sont les
plus NOMBREUSES comme les plus aimables; VIVES,
agiles, LÉGÈRES et sans cesse remuées, tous leurs mouvements ont l'air du sentiment, tous leurs accents,
le ton de la joie. (110, 111, 112)
                    (BUFFON.)

379. LA GRENOUILLE ET LE BŒUF.

Une grenouille vit un bœuf
Qui lui sembla de BELLE *taille.*
Elle qui n'était pas GROSSE en tout comme un œuf,
ENVIEUSE, s'étend, et s'enfle, et se travaille,
    Pour égaler l'animal en grosseur,
    Disant: Regardez bien, ma sœur;
Est-ce assez? dites-moi, n'y suis-je point
                    encore? —
Nenni.— M'y voici donc? —Point du tout. —
                    M'y voilà? —
Vous n'en approchez point. La CHÉTIVE *pécore*
    S'enfla si bien qu'elle creva. (109, 111, 112)
                    (LA FONTAINE.)

38o. La chèvre et la brebis, dont *l'organisation* INTÉRIEURE est presque entièrement semblable, se nourrissent, croissent et se multiplient de la même manière, et se ressemblent encore par le caractère des maladies, qui sont les mêmes, à l'exception de quelques-unes auxquelles la *chèvre* n'est pas SUJETTE.

(109 et 111)

(BUFFON.)

381. LE CLAIR DE LUNE.

Ainsi qu'une jeune *beauté*
SILENCIEUSE et solitaire,
Des flancs du nuage argenté
La lune sort avec mystère.
Fille aimable du ciel,.......
Que fais-tu loin de nous, quand l'aube blanchis-
Efface à nos yeux attristés   (sante
Ton sourire charmant et les MOLLES *clartés?*
Vas-*tu,* comme Ossian, PLAINTIVE et gémissante,
Dans l'asile de la douleur
Ensevelir ta beauté languissante?(109, 111,
112)

(BAOUR-LORMIAN.)

382. La SOTTE *vanité* semble être une *passion* IN-QUIÈTE de se faire valoir par les plus petites choses, ou de chercher, dans les sujets les plus frivoles, du nom et de la distinction. (109)

(THÉOPHRASTE.)

383. La *mer* mugissant après la tempête, ressemblait à une *personne qui,* ayant été long-temps ir-ritée, n'a plus qu'un reste de trouble et d'émotion, étant LASSE de se mettre en fureur. (109)

(FÉNELON.)

384. Fuyez surtout, fuyez ces BASSES *jalousies,*
Des vulgaires esprits MALIGNES *frénésies.* (109 et
113)
(BOILEAU.)

385. Pendant que nous nous entretenions avec
gaîté, nous vîmes paraître au haut de la caverne
plusieurs hommes qui avaient des *moustaches* ÉPAISSES,
des turbans et des habits à la TURQUE. (109 et 113)
(LESAGE.)

386. Notre hôte charmé, m'avisant sur ce point,
Qu'avez-vous donc, dit-il, que vous ne mangez
point ?
Je vous trouve aujourd'hui l'*ame* tout INQUIÈTE,
Et les morceaux entiers restent sur votre assiette.
Aimez-vous la muscade ? On en a mis partou'.
Ah ! monsieur, ces poulets sont d'un merveilleux
goût.
Ces pigeons sont dodus, mangez sur ma paro'e.
J'aime à voir aux lapins cette *chair* BLANCHE et MOLLE.
(109 et 113)
(BOILEAU.)

387. Vous, somptueux habitants des villes, qui
vantez par désœuvrement les douceurs de la vie champêtre, vous souriez de pitié à la seule idée de pro-
longer votre séjour aux champs durant ces LONGUES
et austères *intempéries* qui affligent votre mollesse.
(113)
(POUGENS.)

388. La terre était riante et dans sa *flear* PREMIÈRE;
Le jour avait encor cette même lumière
Qui du ciel embelli couronna les hauteurs,
Quand Dieu la fit tomber de ses doigts créateurs.
(110)
(ALFRED DE VIGNY.)

389. Le bouton croît graduellement, et se montre d'une manière plus distincte aux approches de l'hiver, époque à laquelle les frimas lui enlèvent sa PROTECTRICE. (114)   (KÉRATRY.)

390. Avant qu'on vît briller sa lumière féconde
(l'histoire),
Les temps se succédaient dans une nuit profonde ;
Les peuples, tour à tour, par l'ennui dévorés,
Sur la terre passaient l'un de l'autre ignorés.
Les grands événements n'avaient point d'inter-
prètes ;
Les débris étaient morts, et les *tombes* MUETTES. (109)
(LEGOUVÉ.)

391. De brusques et BRÈVES *exclamations* s'échappent de sa poitrine oppressée (Napoléon contemplant les progrès de l'incendie de Moscou). (112)
(DE SÉGUR.)

FORMATION DU PLURIEL.

392. Les mortels sont ÉGAUX : ce n'est pas la nais-
sance,
C'est la seule vertu qui fait la différence. (114)
(VOLTAIRE.)

ANALYSE. L'adjectif *égaux* a le pluriel en *aux*, parce que le singulier est terminé par *al*.

393. Si les *repas* des Spartiates sont FRUGALS, c'est plutôt par vertu que par nécessité. (114)
(BARTHÉLEMY.)

394. *Bertrand* avec *Raton*, l'un singe et l'autre
chat,
COMMENSAUX d'un logis avaient un commun maître.
D'animaux malfaisants c'était un très bon plat.
(114)
(LA FONTAINE.)

395. La *piété* FILIALE est le fondement de toutes les vertus. (114) (CICÉRON.)

396. Le bitume et le soufre, épandus en torrents,
Roulent sur la montagne, en sillonnent les flancs,
Et, dans les creux vallons se traçant un passage,
Des *fleuves* INFERNAUX offrent l'horrible image. (114)
(CASTEL.)

DEGRÉS DE SIGNIFICATION.

397. L'on est PLUS *sociable* et d'un MEILLEUR commerce pour le cœur que pour l'esprit. (115)
(LA BRUYÈRE.)

ANALYSE. *Plus sociable* est un comparatif de *supériorité*, parce qu'il est formé à l'aide du mot *plus*. — *Meilleur* est un comparatif de *supériorité*, parce qu'il équivaut à *plus bon*.

398. Un sot trouve toujours un PLUS *sot* qui l'admire. (115)
(BOILEAU.)

399. Qui parmi nous a jamais été AUSSI *éloquent* que Bossuet? (115) (THOMAS.)

400. Souvent la peur d'un mal nous conduit dans un PIRE. (115)
(BOILEAU.)

401. Ne porte point des regards avides sur les biens d'autrui : les fleurs qui parent le sentier de la vie sont une épreuve : les biens que Dieu promet sont PLUS *précieux* et PLUS *durables*. (115)
(CORAN.)

402. PHILIPPE II ET SIXTE-QUINT.

Philippe, de son père héritier tyrannique,
MOINS *grand*, MOINS *courageux* et NON MOINS *politique*,

Divisant ses voisins pour leur donner des fers ,
Du fond de son palais croit dompter l'univers.
Sixte , au trône élevé du sein de la poussière ,
Avec moins de puissance a l'ame encor PLUS *fière*.
Le pâtre de Montalte est le rival des rois ;
Dans Paris , comme à Rome , il veut donner des
lois. (115)
(VOLTAIRE.)

403. Nous devons travailler à nous rendre TRÈS
dignes de quelque emploi : le reste ne nous regarde
point, c'est l'affaire des autres. (115)
(LA BRUYÈRE.)

404. L'homme LE PLUS *parfait* est celui qui est LE
PLUS *utile* à ses frères. (115)   (CORAN.)

405. La raison DU PLUS *fort* est toujours LA MEILLEURE.
(115)
(LA FONTAINE.)

406. De tous les peuples du monde LE PLUS *fier*
et LE PLUS *hardi ,* mais tout ensemble LE PLUS *réglé*
dans ses conseils , LE PLUS *constant* dans ses maximes,
LE PLUS *laborieux ,* et enfin LE PLUS *patient ,* a été le
peuple romain. (115)   (BOSSUET.)

407. Le vers LE MIEUX *rempli ,* LA PLUS *noble* pensée,
Ne peut plaire à l'esprit, quand l'oreille est blessée.
(115)
(BOILEAU.)

408. La vertu d'un père et d'une mère est pour
une fille une dot TRÈS *avantageuse.* (115)
(HORACE.)

409. Il (l'homme) tourne AU MOINDRE vent , il
tombe AU MOINDRE choc :
Aujourd'hui dans un casque, et demain dans un
froc. (115)
(BOILEAU.)

410. Dans tous les genres, la vérité est à la fois ce qu'il y a DE (*) PLUS *sublime*, DE PLUS *simple*, DE PLUS *difficile*, et cependant DE PLUS *naturel*. (115)

(Madame DE SÉVIGNÉ.)

411. Ta fille était du monde où LES PLUS *belles*
　　　　Ont LE PIRE destin ;　　　　　　　　choses
Et rose elle a vécu ce que vivent les roses,
　　　　L'espace d'un matin. (115)

(MALHERBE.)

412. Quelquefois on reconnaît que la personne dont on médit le plus dans un cercle, est celle qui a LE MEILLEUR caractère; de même que souvent le fruit LE PLUS *exquis* d'un arbre, est celui que le bec des oiseaux a LE PLUS *impitoyablement* déchiré. (115)

(SWIFT.)

413. Un enfant qui n'est pas mal né, et qui a conservé jusqu'à vingt ans son innocence, est, à cet âge, LE PLUS *généreux*, LE MEILLEUR, LE PLUS *aimant* et LE PLUS *aimable* de tous les hommes. (115)

(J.-J. ROUSSEAU.)

CHAPITRE IV. — SUPPLÉMENT AU VERBE.

VERBES PARTICULIERS.

On conjuguera les verbes qui suivent :

I. — VERBES EN *cer* ET EN *ger*.

1° *Lancer, menacer, amorcer, forcer, placer, tancer, prononcer, annoncer, renoncer, percer, enfoncer, bercer, hercer, balancer, s'élancer, s'efforcer,* etc.

(*) *Ce qu'il y a de...* équivaut à *ce qui est le....*

2° *Manger, changer, ranger, purger, loger, longer, outrager, rédiger, songer, obliger, corriger, abréger, affliger, exiger, ravager, ronger, plonger, charger, forger, partager, ménager, encourager, protéger, abroger, obliger*, etc.

II. — VERBES EN *ier* ET EN *yer*.

1° *Lier, nier, plier, scier, prier, allier, crier, délier, relier, renier, supplier, rallier, décrier*, etc.

2° *Essayer, payer, étayer, balayer, égayer, rayer, relayer, déblayer, effrayer, monnayer*, etc.

3° *Employer, octroyer, tutoyer, aboyer, côtoyer, soudoyer, nettoyer, foudroyer, déployer*, etc.

4° *Appuyer, ennuyer, essuyer, s'appuyer, s'ennuyer, s'essuyer*, etc.

III. — VERBES EN *eler*, *eter*.

1° *Appeler, chanceler, niveler, étinceler, amonceler, renouveler, rappeler, se rappeler*, etc.

2° *Jeter, rejeter, projeter, interjeter, cacheter, décacheter, recacheter, marqueter, tacheter*, etc.

3° *Acheter, racheter*, qui font exception.

IV. VERBES EN *écer, emer, ener, eser, ever*; — EN *éder, éler, éter*, etc.

1° *Dépecer, semer, mener, peser, lever, ressemer, amener, emmener, ramener, remmener, promener, repeser, empeser, relever, soulever, prélever*, etc.

2° *Céder, concéder, procéder, empiéter, intercéder, altérer, espérer, léser, régler, régner, aliéner, léguer, alléguer, reléguer, pénétrer*, etc.

3° *Céler, recéler, déceler, révéler, végéter, inquiéter, compléter, recéder, précéder*, etc., qu'il ne faut pas confondre avec les verbes en *eler*, *eter*.

V. — Verbes en *éer, ouer, uer.*

1.° *Créer, agréer, récréer,* etc.

2.° *Suer, muer, ruer, tuer, remuer, saluer, diminuer, obstruer, distribuer, continuer, constituer, destituer, instituer, restituer,* etc.

3.° *Louer, nouer, vouer, clouer, avouer, dénouer, renouer, reclouer, désavouer,* etc.

---

414. Le premier qui du sceptre *exerça* la puissance,
N'avait que ses enfants sous son obéissance. (116)

(Le Franc de Pompignan.)

ANALYSE. Dans *exerça* le *c* prend une cédille, parce que devant *a* et *o* les verbes en *cer* adoucissent le *c.*

415. La voix de Dieu portée sur les ailes du vent, à l'heure que le jour *commençait* à tomber, frappa les oreilles de nos premiers pères. (116)

(Milton.)

416. LE CHEVAL.

Voyez ce fier coursier, noble ami de son maître,
Son compagnon guerrier, son serviteur champêtre,
Le traînant dans un char, où s'*élançant* sous lui ;
Dès qu'a sonné l'airain, dès que le fer a lui,
Il s'éveille, il s'anime, et, redressant la tête,
Provoque à la mêlée, insulte à la tempête. (116)

(Delille.)

417. L'horizon se *déchargeait* au loin des vapeurs ardentes et sombres : le soleil *commençait* à pâlir : la surface des eaux, unie et sans mouvement, se couvrait de couleurs lugubres, dont les teintes variaient sans cesse. (116). (Barthélemy.)

418. Muse, *changeons* de style, et quittons la sa-
tire :
C'est un méchant métier que celui de médire. (116)
(BOILEAU.)

419. Hommes cruels ! quelle rage vous porte à
commettre tant de meurtres, rassasiés de biens et
regorgeant de vivres? (116)   (J.-J. ROUSSEAU.)

420. Les vieux ifs de nos cimetières ont plus d'une
fois survécu aux églises qu'ils y ont vu bâtir. *Om-
brageons* ceux de la patrie des végétaux qui caracté-
risent les diverses tribus des citoyens qui y reposent.
(116)
(BERNARDIN DE SAINT-PIERRE.)

421. Jeune (l'âne), il est patient, robuste et cou-
rageux,
Et *paie*, en les servant avec persévérance,
Chez ses patrons ingrats sa triste vétérance. (117)
(DELILLE.)

422. Le tigre déchire sa proie, et dort ; l'homme
devient homicide, et veille. Il cherche les lieux déserts, et cependant la solitude l'*effraie*. (117)
(CHATEAUBRIAND.)

423. Il me semblait, dit Joseph à ses frères,
que nous *liions* ensemble des gerbes dans un champ,
et que vos gerbes se prosternaient devant la mienne.
(117)
(LHOMOND.)

424. Le poète s'*égaie* en mille inventions,
Orne, élève, embellit, agrandit toutes choses,
Et trouve sous sa main des fleurs toujours écloses.
(117)
(BOILEAU.)

425. Nous *côtoyions* les côtes de la Sicile, lorsque les navires des Égyptiens nous firent prisonniers.
(117)
(FÉNELON.)

426. Comme elles sont consolantes et pures, les pensées du matin ! comme elles *égaient* le rêve mélancolique de la vie. (117)   (BERGASSE.)

427. Le pauvre paysan, sur sa bêche *appuyé*,
Peut se croire un moment seigneur de son village.
(117)
(COLLIN D'HARLEVILLE.)

428. Telles, aux feux du soleil, ou au souffle des vents, *fuient* ces vapeurs légères qui s'amassent dans les airs; tel s'évanouit un fantôme qu'a créé l'imagination d'un malade. (117)
(LE TASSE.)

429. J'entends l'airain pieux, dont les sons éclatants
Appellent la prière et divisent le temps. (118)
(ESMÉNARD.)

430. Les fêtes, je le vois (le laboureur) partager
ses loisirs
Entre un culte pieux et d'utiles plaisirs ;
Il propose des prix à la force, à l'adresse :
L'un *déploie* en luttant sa nerveuse souplesse ;
L'autre frappe le but d'un trait victorieux,
Et d'un air triomphant fait retentir les cieux.
(117)
(DELILLE.)

431. Par un attrait qu'on ne peut définir, la terre natale nous *appelle* toujours à elle, et ne se laisse jamais oublier. (118)   (OVIDE.)

432. Aussitôt qu'une pensée vraie est entrée dans notre esprit, elle *jette* une lumière qui nous fait

voir une foule d'autres objets que nous n'apercevions pas auparavant. (118)

(CHATEAUBRIAND.)

433. Ne mange pas de cerises avec le grand seigneur, de peur qu'il ne te *jette* les noyaux au nez.
(118)

(SENTENCE DANOISE.)

334. La voix de l'univers à ce Dieu me *rappelle;*
La terre le publie. Est-ce moi, me dit-elle,
Est-ce moi qui produis mes riches ornements ?
C'est celui dont la main posa mes fondements.

((RACINE fils.)

435. Sire (Louis XIV), quand Votre Majesté crée une charge, la Providence crée tout de suite un sot pour l'*acheter.* (119)   (COLBERT.)

436. Les affaires des hommes ont leur flux qui, saisi au moment où le flot s'*élève*, les conduit à la fortune; en ce moment nous voguons sur la haute mer.
(119)
(SHAKESPEARE.)

437. De sa puissance (Dieu) immortelle
Tout parle, tout nous instruit :
Le jour au jour la *révèle*,
La nuit l'annonce à la nuit. (119)
(J.-B. ROUSSEAU.)

438. Le médisant ne *diffère* du malfaiteur que par l'occasion. (119)   (QUINTILIEN.)

439. Qu'il est beau de *régner* sur des peuples
nombreux !
C'est la force du maître, il n'est grand que par
eux. (119)
(LE FRANC DE POMPIGNAN.)

440. Le cœur joyeux vaut une médecine, mais l'esprit abattu *dessèche* les os. (119)

(SALOMON.)

441. La pompe des blasons, l'opulence, l'orgueil,
La beauté même, hélas! tout passe, tout succombe,
Tout franchit sans retour l'inévitable seuil!....
Le sentier des grandeurs ne *mène* qu'à la tombe!.. (119)

(J.-B.-A. SOULIÉ.)

442. L'homme ne peut être juste s'il *préfère* quelque chose à l'équité. (119)

(CICÉRON.)

443. L'ignorance est une rosse qui fait broncher celui qui la monte, et qui fait rire de celui qui la *mène*. (119)   (PROVERBE PERSAN.)

444. L'été, fils du soleil, coloré par le hâle,
Succède au doux printemps, plus robuste et plus mâle. (116)

(DESAINTANGE.)

445. Les maux et les biens ne *procèdent*-ils point de l'ordre du Très-Haut. (119)

(JÉRÉMIE.)

446. Dans ces prés fleuris
Qu'arrose la Seine
Cherchez qui vous *mène*,
Mes chères brebis! (119)

(Mme DESHOULIÈRES.)

447. Je *préfère* le témoignage de ma conscience à tous les discours qu'on peut tenir de moi. (119)

(CICÉRON.)

448. D'où *s'élèvera* l'hymne au Roi de l'univers?
Tout se tait: mon cœur seul parle dans le silence.
La voix de l'univers, c'est mon intelligence ;
Sur les rayons du soir, sur les ailes du vent,
Elle *s'élève* à Dieu comme un parfum vivant. (119

(DE LAMARTINE.)

449. Il n'y a point au monde un si pénible mé
tier que celui de se faire un grand nom : la vie s'a
chève que l'on a à peine ébauché son ouvrage. (119

(LA BRUYÈRE.)

RÉCAPITULATION.

450. Ainsi vivait Saturne : alors d'affreux soldats
Au bruit de fiers clairons, ne *s'entr'égorgeaient* pas
Et le marteau pesant, sur l'enclume bruyante,
Ne *forgeait* point encor l'épée étincelante. (116)

(DELILLE.)

451. Quelques oiseaux dispersés battent la cam
pagne ; d'autres, par un instinct merveilleux, *s'a
vancent* ensemble sur deux files dont le front se res
serre. Les saisons leur sont connues, et, conduisan
au-dessus des mers et des terres leurs caravanes aé
riennes, ils volent dans les nues, et se *relaient* al
ternativement pour soulager leur vol. L'air flotte su
leur passage et *cède* aux efforts de leurs plumes in
nombrables. De branche en branche les plus petil
oiseaux *voltigeant*, *égaient* les bois par leur ramag
et étendent leurs ailes peintes jusqu'à ce que la nu
leur marque la retraite ; alors le rossignol mélodieu
ne discontinue point ses airs, mais toute la nuitil
répète ses douces chansons. (116, 117, 119)

(MILTON.)

452. O cieux, que de grandeur et quelle majesté!
J'y reconnais un maître à qui rien n'a coûté,
Et qui dans nos déserts a *semé* la lumière,
Ainsi que dans nos champs il *sème* la poussière.
Toi qu'annonce l'aurore, admirable flambeau,
Astre toujours le même, astre toujours nouveau,
Par quel ordre, ô soleil, viens-tu du sein de
l'onde
Nous rendre les rayons de ta clarté féconde ?
Tous les jours je t'attends, tu reviens tous les
jours :
Est-ce moi qui *t'appelle* et qui *règle* ton cours ?
(118 et 119)
(Racine fils.)

453. Suivant les lois de Lycurgue, un chef de
famille ne pouvait ni *acheter* ni vendre une portion
de terrain ; il ne pouvait ni la donner pendant sa
vie, ni la *léguer* par son testament à qui il voulait ;
il ne lui était pas même permis de la *partager :* l'aîné
des enfants recueillait la succession, comme dans la
maison royale l'aîné *succède* de droit à la couronne.
(116, 118, 119)
(Barthélemy.)

454. Comme l'oiseau qui voit dans les ombres fu-
nèbres,
La foi, cet œil de l'âme, a *percé* mes ténèbres ;
Son prophétique instinct m'a *révélé* mon sort.
Aux champs de l'avenir combien de fois mon âme,
S'*élançant* jusqu'au ciel sur des ailes de flamme,
A-t-elle *devancé* la mort ! (116 et 118)
(De Lamartine.)

455. Mon peuple est détruit, parce qu'il est sans
science. Parce que tu as *rejeté* la science, je te re-

jetterai, afin que tu n'exerces plus ta sacrificature. Puisque tu as oublié la loi de ton Dieu , moi aussi j'*oublierai* tes enfants. (116 et 118)   (OSÉE.)

SUPPLÉMENT AUX QUATRE CONJUGAISON .

456. Les maux du monde dureront jusqu'à ce que les philosophes DEVIENNENT rois, ou jusqu'à ce que les rois DEVIENNENT philosophes. (122)

(PLATON.)

ANALYSE. *Deviennent* est un verbe de la troisième conjugaison supplémentaire, parce qu'il a le présent de l'infinitif terminé en *enir*.

457. La crainte est un maître qui ne nous *retient* pas long-temps dans le devoir. (122)

(CICÉRON.)

458. L'œuvre de la pensée a partout des autels.
La tige qui *produit* tant de fruits immortels,
Du souffle de la mort ne sera point flétrie. (122)

(SOUMET.)

459. Vous *dormirez* un peu , vous sommeillerez un peu , vous mettrez un peu vos mains l'une dans l'autre pour vous reposer ; et l'indigence *viendra* se saisir de vous , comme un homme qui marche à grands pas ; et la pauvreté , comme un homme armé , s'emparera de vous. (122)

(SALOMON.)

460. L'univers, à sa présence (du soleil),
Semble *sortir* du néant :
Il prend sa course, il s'avance
Comme un superbe géant. (122)

(J.-B. ROUSSEAU.)

461. Les forces navales *servent* à protéger le commerce. (122)   (VOLTAIRE.)

462. Le paresseux voudrait bien manger l'amande, mais il *craint* jusqu'à la peine de casser le noyau. (122)

(PROVERBE INDIEN.)

463. La marque d'un mérite extraordinaire est de voir que ceux qui l'envient le plus sont *contraints* de le louer.   (LA ROCHEFOUCAULD.)

464. N'*offrez* pas à vos sens, de mollesse accablés,
Tous les parfums de Flore à la fois exhalés ;
Il ne faut pas tout voir, tout *sentir*, tout entendre :
Quittons les voluptés pour savoir les reprendre. (122)

(VOLTAIRE.)

465. Ceux qui n'usent de leurs richesses que pour *plaire* à Dieu, et qui sont constants dans la pratique des vertus, ressemblent à un jardin placé sur une colline : une pluie favorable et la rosée désaltèrent la terre, et en font *croître* les productions en abondance. (122)

(CORAN.)

VERBES IRRÉGULIERS.

466. Quand tout se remue également, rien ne se remue en apparence, comme en un vaisseau. Quand tous *vont* vers le déréglement, nul ne semble y *aller* : qui s'arrête fait remarquer l'emportement des autres, comme un point fixe. (125)

(PASCAL.)

ANALYSE. *Vont* est la troisième personne plurielle du présent de l'indicatif du verbe *aller,* qui est de la première conjugaison. Il est *irrégulier*, parce qu'il fait au futur absolu de l'indicatif *j'irai,* et au présent conditionnel *j'irais.*

467. LA FEUILLE.

De ta tige détachée,
Pauvre feuille desséchée,
Où *vas*-tu ? — Je n'en sais rien :
L'orage a frappé le chêne
Qui seul était mon soutien.
De son inconstante haleine,
Le zéphyr ou l'aquilon
Depuis ce jour me promène
De la forêt à la plaine,
De la montagne au vallon ;
Je *vais* où le vent me mène,
Sans me plaindre ou m'effrayer ;
Je *vais* où *va* toute chose,
Où *va* la feuille de rose
Et la feuille de laurier. (125)

(A.-V. ARNAULT.)

468. Si certains hommes ne *vont* pas dans le bien jusqu'où ils pourraient *aller*, c'est par le vice de leur première instruction. (125)

(LA BRUYÈRE.)

469. Du haut du ciel, Dieu *enverra* à ses disciples un consolateur. (125)   (MILTON.)

470. En ce monde il se faut l'un l'autre *secourir*.
(126)

(LA FONTAINE.)

471. Si de tous les hommes, les uns *mouraient,* les autres non, ce serait une désolante affliction que de *mourir*. (126)   (LA BRUYÈRE.)

472. Ci-*gît*, justement regretté,
Un savant homme sans science,
Un gentilhomme sans naissance,
Un très-bon homme sans bonté. (126)
(BOILEAU.)

473. Quand nous eûmes doublé le cap de Bonne-
Espérance, nous fûmes *assaillis* par un vent épou-
vantable du Sud. (126)
(BERNARDIN DE SAINT-PIERRE.)

474. .... Une douce voix, à travers la tempête,
Vint réveiller l'enfant, par le froid endormi (*).....
Et deux femmes en deuil *recueillaient* sa misère.
(126)
(AL. GUIRAUD)

475. Abdolonyme était *issu* de loin du sang des
rois de Sidon. (126)   (QUINTE-CURCE.)

476. Oh! si j'avais (**) encor cette armée immortelle,
Je voudrais *conquérir* des mondes avec elle !
(126)
(VICTOR HUGO.)

477. Agamemnon (***) se lève, saisi de trouble et
bouillant de colère. (126)   (HOMÈRE.)

478. Tout *fuit*, et, sans s armer d'un courage
inutile
Dans le temple voisin chacun cherche un asile.
(126)
(RACINE.)

(*) Le petit Savoyard à demi couvert de neige.
(**) Le pacha Reschid ayant perdu une bataille contre les
Grecs.
(***) Roi d'Argos et de Mycène, qui fut le chef de l'armée
des Grecs contre les Troyens.

479. Filles de Jérusalem , *tressaillez* d'allégresse :
voici votre roi qui vient à vous. (126)

(ZACHARIE.)

480. ... Dans ce désordre à mes yeux se présente
(Athalie)
Un jeune enfant couvert d'une robe éclatante,
Tel qu'on voit des Hébreux les prêtres *revêtus.*

(126)
(RACINE.)

481. De bien des gens il n'y a que le nom qui
vaille quelque chose. Quand vous les *voyez* de fort
près , c'est moins que rien : de loin ils imposent.

(127)
(LA BRUYÈRF.)

482. Romains, et vous sénat, *assis* pour m'é-
couter,
Je supplie, avant tout, les dieux de m'assister.

(127)
(LA FONTAINE.)

483. La jalousie est aveugle et ne *sait* que décrier
les vertus. (127)   (TITE-LIVE.)

484. Un jeune enfant dans l'eau se laissa *choir* ,
En badinant sur les bords de la Seine. (127)

(LA FONTAINE.)

485. Les dieux *pourvoient* à tous nos besoins.

(127)
(CICÉRON.)

486. On l'a dit avant moi, j'ose m'en *prévaloir* ,
Oui, l'apologue est un miroir;
Mais, dans cette glace fidèle,

C'est son voisin qu'on cherche, on ne veut pas
s'y *voir*. (127)
(LE BAILLY.)

487. Quand nous voyons des machines qui se *meuvent* artificiellement, une sphère, une horloge et autres semblables, nous ne doutons pas que l'esprit n'ait eu part à ce travail : douterons-nous que le monde soit dirigé par une divine intelligence, quand nous voyons le ciel se *mouvoir* avec une prodigieuse vitesse? (127)
(CICÉRON.)

488. L'ignorance *vaut* mieux qu'un savoir affecté.
(127)
(BOILEAU.)

489. Les souverains alliés déclarèrent Napoléon *déchu* de la dignité impériale. (127)
(Madame DE SAINT-OUEN.)

490. Il ne se *faut* jamais moquer des misérables:
Car qui peut s'assurer d'être toujours heureux?
(127)
(LA FONTAINE.)

491. Celui qui sera persuadé que Dieu *voit* tout, ne pèchera ni en secret, ni à découvert. (127)
(DÉMOCRITE.)

492. LE RENARD ET LE SINGE.

Bertrand, singe un peu vain, disait : que l'on
me cite
Un seul des animaux que mon geste n'imite!
— Et toi, dit un renard, en *pourrais*-tu citer
Un seul qui *voulût* t'imiter? (127)
(LE BAILLY.)

493. Notre heure est marquée, le temps est court et irréparable. Mais l'homme vertueux doit *faire* en

sorte que son nom lui *survive* par a mémoire de ses actions glorieuses. (128)   (Virgile.)

494. Jugurtha fut *vaincu*, Mithridate est *soumis;*
Ma fortune (Sylla) a plus *fait* qu'elle n'avait *pro-*
mis. (128)
(De Jouy.)

495. Il me semble que l'on *dit* les choses encore plus finement qu'on ne peut les *écrire.*   (128)
(La Bruyère,)

496. Jamais un criminel ne *s'absout* de son crime.
(128)
(Racine fils.)

497. Le véritable. amour de la patrie exige que nous lui *fassions* le double sacrifice de notre gloire et de notre vie , s'il *est* nécessaire à sa conservation.
(128)
(Tite-Live.)

498. *Concluons* que la Providence
Sait ce qu'il nous faut, mieux que nous. (128)
(La Fontaine.)

499. [Louis XIV *naquit* le 5 septembre 1638.
(128)
(Anquetil.)

500. *Maudit* soit le premier dont la verve insensée,
Dans les bornes d'un vers renferma sa pensée !
(128)
(Boileau.)

501. Abraham *circoncit* son fils Isaac le huitième jour. (128)   (Lhomond.)

502. J'ai *vaincu* (Sylla), j'ai régné ; maintenant je veux *vivre.*
(128)
(De Jouy.)

5o3. Le souvenir d'une bonne action *suffit* pour embellir les derniers jours de la plus extrême vieillesse , et nous accompagne jusque dans la tombe.

(128)

(La Romiguière.)

5o4. Nous n'écoutons d'instincts que ceux qui sont les nôtres,

Et ne *croyons* le mal que quand il est venu. (128)

(La Fontaine.)

5o5. L'exil d'Aristide (*) *suivit* de près la mort de Darius (**) (128)   (Barthélemy.)

5o6. *Reprenez* votre ami en particulier , *dites*-en du bien en public. (128)   (P. Syrus.)

5o7. Quelle personne es-tu? *dit*-il (***) à ce fantôme.
La cellerière du royaume
De Satan , *reprit*-elle ; et je porte à manger
A ceux qu'*enclôt* la tombe noire.
Le mari repart, sans songer :
Tu ne leur portes point à *boire?* (128)

(La Fontaine.)

5o8. On ne *rit* plus, on *sourit* aujourd'hui,
Et nos plaisirs *sont* voisins de l'ennui. (128)

(Bernis.)

5o9. Pendant que les Spartiates *étaient* aux Thermopyles , un Trachinien voulant leur donner une haute idée de l'armée de Xerxès , leur *disait* que le nombre de leurs traits *suffirait* pour obscurcir le so-

---

(*) L'un des sept sages de la Grèce.
(**) Roi de Perse.
(***) L'ivrogne à sa femme masquée, et contrefaisant le ton d'une furie.

leïl. « Tant mieux, répondit le Spartiate Diénécès, nous *combattrons* à l'ombre. » (128)

(BARTHÉLEMY.)

510. Je sais *coudre* une rime au bout de quelques mots. (127 et 128)

(BOILEAU.)

511. *Confire*, c'est donner à un fruit, à une plante, ou à une herbe, une sorte de préparation en l'infusant dans du sucre, du sirop, de l'eau-de-vie, etc. (128)   (ENCYCLOPÉDIE.)

512. Les diètes (*) *sont* un bon moyen de *traire* des impôts. (128)   (FÉLIX BODIN.)

513. Heureux qui peut, au sein du vallon solitaire,
Naître, vivre et mourir sous le toit paternel! (128)

(VICTOR HUGO.)

514. Si l'on *cousait* ensemble toutes les heures de bonheur, on *ferait* à peine, d'un grand nombre d'années, une vie de quelques mois. (128)

(LA BRUYÈRE.)

515. *Moudre*, c'est réduire en poudre par le moyen du moulin. (128)   (ENCYCLOPÉDIE.)

516. Mon Dieu, j'ai *combattu* (Lusignan) soixante ans pour ta gloire ;
J'ai vu tomber ton temple, et périr ta mémoire.
(128)

(VOLTAIRE.)

(*) Assemblées politiques.

SECONDE PARTIE.

NOTIONS PRÉLIMINAIRES.

517. Avec le sentiment de la Divinité, *tout est grand*; sans lui, *tout est faible.* (132)

(BERNARDIN DE SAINT-PIERRE.)

ANALYSE. Les mots *tout est grand* forment une proposition, parce que c'est l'énonciation d'un jugement. Elle contient trois parties : le sujet, *tout* ; le verbe, *est* ; l'attribut, *grand*.

518. *Les malheureux sont ses enfants* (Dieu). (132)

(GILBERT.)

519. Hâtons-nous : *le temps fuit*, et nous traîne
avec soi ;
Le moment où *je parle*, est déjà loin de moi.
(133)

(BOILEAU.)

520. LA FOURMI.

Sur les cornes d'un bœuf revenant du labeur (*),
Une *fourmi* S'ÉTAIT NICHÉE.

______

(*) Travail.

« D'où VIENS-*tu ?* lui CRIA *sa sœur ;*
« Et que FAIS-*tu ,* si haut perchée ?
— D'où *je* VIENS ? PEUX-*tu* l'ignorer ?
RÉPONDIT-*elle.* Ma commère.,
    Nous VENONS de labourer. (132)
                    (P. VILLIERS.)

ANALYSE, Dans la première phrase il n'y a qu'une proposition, parce qu'il n'y a que le verbe *s'était nichée* à un mode personnel indiqué par le sujet *une fourmi.*

521. On a beau se cacher, *la conscience est un témoin — qui nous accuse.* Si vous faites mal , *il importe peu — qu'on l'ignore ,* dès que vous le savez vous-même. (133)   (SÉNÈQUE.)

ANALYSE. Les mots *la conscience est un témoin* forment une proposition principale, parce qu'ils sont indispensables.

522. *Le sceptre est un fardeau , — le trône est un écueil.* (134)
                (LE FRANC DE POMPIGNAN.)

523. *Il* (le chevalier) *venge la faiblesse, — il protège les rois.* (134)   (AIMÉ-MARTIN.)

524. Le riche pense à l'année *qui vient ,* et le pauvre songe au jour présent. (135)
                    (PROVERBE CHINOIS.)

525. C'est chez l'infortuné *que la pitié se trouve.*
                                    (135)
                    (ARNAULT.)

526. On ne connaîtrait point Sully tout entier, *si l'on ignorait* que ses vertus égalèrent ses talents. La noblesse, *qui n'inspire que de la vanité aux petites ames ,* lui inspira l'orgueil des grandes choses.
                                    (135)
                    THOMAS.)

527. *La nef* (*) *tourne,* (elle) *s'abîme*, et (elle) *dis-*
paraît sous l'onde. (136)
(DELILLE.)

528. *L'industrie est la main droite de la fortune,—*
et la frugalité, est sa main gauche. (136)
(PROVERBE ANGLAIS.)

529. *L'espace est son séjour* (de Dieu), *l'éternité*
est son âge. (136)
(DE LAMARTINE.)

530. *L'héritage de l'honnête homme est* (existant)
en tout pays. (136)   (PROVERBE ALLEMAND.)

531. *Les générations des hommes s'écoulent —*
comme les ondes d'un fleuve rapide (s'écoulent). (136)
(FÉNELON.)

532. *Mieux vaut la vertu — que la force* (ne vaut).
(136)
(PROVERBE FRANÇAIS.)

533. *Les jours de l'homme mortel sont* (existant)
— comme le foin (est existant); *il fleurit — comme*
la fleur d'un champ (fleurit). (136)   (DAVID.)

534. (Celui) *Qui détrône les rois, bientôt les as-*
sassine. (136)
(LE FRANC DE POMPIGNAN.)

535. (Celui) *Qui veut bien mourir, doit bien vivre.*
(136)
(PROVERBE FRANÇAIS.)

536. *L'aigle d'une maison — n'est qu' — un sot*
dans une autre. (137)
(GRESSET.)

ANALYSE. Les mots *d'une maison* font partie du sujet *l'aigle,*

____

(*) Navire.

et les mots *dans une autre* font partie de l'attribut *un sot*, parce qu'ils s'y rapportent. Ils en sont les compléments, parce qu'ils en complètent le sens.—Le sujet logique de cette proposition est *l'aigle d'une maison*, et l'attribut logique, *un sot dans une autre*. Elle ne contient donc réellement que trois parties.

537. *Tout* l'univers - est - plein *de sa magnificence* (de Dieu). (157)

(RACINE.)

538. L'analyse - est - la source *des découvertes.* (157)

(CONDILLAC.)

539. La rage *de médire*-est-une impertinence. (157)

(GOSSE.)

540. L'ardeur de s'enrichir *chassa* la bonne foi ; Le courtisan n'*eut* plus de sentiment à soi. (158)

(BOILEAU.)

ANALYSE. La première de ces deux propositions doit se décomposer ainsi : *L'ardeur de s'enrichir*- fut - chassant *la bonne foi,* parce que le verbe *être* se met au même temps que le verbe attributif.

541. Quelle force invisible *a soumis* l'univers? (158)

(RACINE fils.)

542. Je m'*étais ennuyé* long-temps, et j'en *avais ennuyé* bien d'autres. (158)

(Le prince DE LIGNE.)

543. La coupe de mes jours s'*est brisée* encor pleine. (158)

(DE LAMARTINE.)

544. Nos pères s'*animaient* à la vertu. (158)

(D'AGUESSEAU.)

545. Dufresny et Destouches *brillèrent* à peu près dans le même temps sur la scène. (138)

(D'Alembert.)

546. En limant on fait *d'une poutre* une aiguille. (139)

(Proverbe Chinois.)

Analyse. Il y a une inversion dans cette phrase, parce que la construction grammaticale serait : *En limant on fait une aiguille* d'une poutre.

547. *D'un siècle sans espoir* naît *un siècle sans crainte.* (139)

(Alfred de Musset.)

548. *Sur le front des mortels* il (Dieu) mit son sceau divin. (139)

(Voltaire.)

549. *Puisque la reconnaissance ne peut égaler le bienfait,* elle doit avoir autant d'étendue que notre cœur. (139)   (Cicéron.)

550. C'est un méchant métier que celui de médire :

A l'auteur qui l'embrasse il est toujours fatal :
Le mal qu'on dit d'autrui ne produit que du mal. (139)

(Boileau.)

551. *De l'orphelin* il (un roi sage) est le père. (139)

(Racine.)

552. *S'abandonner à la colère,* c'est souvent venger sur soi la faute d'un autre. (140)

(Swift.)

Analyse. Le mot *ce* forme un pléonasme, parce qu'il est la répétition du sujet *s'abandonner à la colère.*

553. *Mon pacha*, c'est mon fusil. (140)

(Proverbe Grec.)

RÉCAPITULATION.

554. *La vie est un sommeil. Les vieillards sont ceux — dont le sommeil a été long : — ils ne commencent à se réveiller — que quand il faut mourir.* (133, 134, 135, 136, 137, 138.)

(La Bruyère.)

Analyse. La première phrase ne contient qu'une proposition principale, absolue et pleine. Elle est *principale*, parce que les mots qui la composent sont indispensables ; *absolue*, parce qu'elle est énoncée la première ; *pleine*, parce qu'il n'y a rien de sous-entendu.

Le sujet est *la vie ;* le verbe, *est ;* l'attribut, *un sommeil.*

555. *(Toi) Garde-toi, — tant que tu vivras, — De juger des gens sur la mine.* (134, 135, 136, 137, 138, 139)

(La Fontaine.)

556. *L'amitié des grands, c'est l'ombre d'un buisson; — elle disparaît aussi vite.* (134, 135, 137, 138. 140)

(Proverbe Anglais.)

LIVRE PREMIER.

SYNTAXE GÉNÉRALE.

CHAPITRE I. — SYNTAXE D'ACCORD.

ACCORD DE L'ARTICLE AVEC LE NOM.

557. Quel carnage de toutes parts !
On égorge à la fois LES *enfants*, LES *vieillards*,
Et LA *sœur* et LE *frère*,
Et LA *fille* et LA *mère*,
LE *fils* dans LES *bras* de son père. (141)
(RACINE.)

ANALYSE. L'article *les* est du masculin et du pluriel, parce qu'il s'accorde en genre et en nombre avec le nom *enfants* qu'il détermine.

558. Que LES *fleuves* frappent DES *mains* pour lui applaudir (à Dieu), et qu'en même temps LES *montagnes* tressaillent de joie. (141)   (DAVID.)

559. MA *fille* (Luzignan), tendre objet de MES dernières *peines*,
Songe au moins, songe AU *sang* qui coule dans TES *veines*. (141)
(VOLTAIRE.)

ACCORD DE L'ADJECTIF AVEC LE NOM.

560. Qu'est-ce que la *vie* HUMAINE ? qu'une *mer* FURIEUSE et AGITÉE, où nous sommes sans cesse

à la merci des flots, et où CHAQUE *instant* change notre situation , et nous donne de NOUVELLES *alarmes.* (142)

(MASSILLON.)

ANALYSE. L'adjectif *humaine* est du féminin et du singulier, parce qu'il s'accorde en genre et en nombre avec le nom *vie* qu'il qualifie.

561. QUEL *plaisir* quand le soir, assis devant ma porte,

J'entendrai le retour de mes *agneaux* BÊLANTS ,
Mes *chevaux* VIGOUREUX et mes BELLES *génisses.* (142)

(COLLIN D'HARLEVILLE.)

562. Il n'y a guère au monde un plus BEL *excès* que celui de la reconnaissance. (142)

(LA BRUYÈRE.)

563. *Le riche et l'indigent, l'imprudent et le sage,*
SUJETS à même loi, subissent même sort. (143)

(J.-B. ROUSSEAU.)

564. *La faveur* et *l'industrie* sont BONNES et quelquefois NÉCESSAIRES. (143) (WAILLY.)

565. C'est (*) *l'azur, le rubis, l'opale, la topaze,*
TOURNÉS en globe, en frange, en diadème, en vase. (144)

(DELILLE.)

566. *Philémon* et *Baucis* nous en offrent l'exemple :
Tous DEUX virent changer leur cabane en un temple.
(144)

(LA FONTAINE.)

567. *Le premier* qui les vit, de rire s'éclata. (145)

(LE MÊME.)

568. En 1807, *Jérôme Bonaparte* est installé ROI de Westphalie. (145) (FÉLIX BODIN.)

(*) Les fleurs.

ACCORD DU PRONOM AVEC LE NOM.

569. Je (*Sylla*) me fis dictateur, je sauvai la patrie.
(146)
(De Jouy.)

Analyse. Le pronom *je* est du masculin et du singulier, parce qu'il s'accorde en genre et en nombre avec le nom *Sylla* dont il indique la personne.

570. Ton Dieu que tu trahis (*Zaïre*), ton Dieu
que tu blasphèmes ,
Pour toi, pour l'univers, est mort en ces lieux
mêmes. (146)
(Voltaire.)

571. Nous (*hommes*) avons beau enfler nos con-
ceptions, nous n'enfantons que des atomes, auprès
de la réalité des choses. (146)   (Pascal.)

572. Il (*Mardochée*) me (*Esther*) tira de mon
obscurité. (146)
(Racine.)

573. Voici un jour terrible, *ma chère enfant,* je
vous avoue que je n'en puis plus. (146)
(Madame De Sévigné.)

574. Il (*Hippolyte*) veut les (*ses chevaux*) rappeler, et sa voix les effraie.
Ils courent..... (146)   (Racine.)

ACCORD DU VERBE AVEC SON SUJET.

575. *Je* vois d'illustres chevaliers
Avec laquais, carrosse et pages ;
Mais *ils* doivent leurs équipages,
Et *je* ne dois pas mes souliers. (147)
(Linière.)

Analyse. Le verbe *vois* est du singulier et de la première personne. Il s'accorde avec son sujet *je,* que je trouve en faisant question *qui est-ce qui ?*

576. *Tu* me DEMANDES pourquoi *Pythagore* s'AB-
STENAIT de manger de la chair des bêtes ? (147)
(J.-J. ROUSSEAU.)

577. *Pécheurs*, DISPARAISSEZ , *le Seigneur* SE RÉ-
VEILLE. (147)
(RACINE.)

578. *Nous* (Templiers) SOMMES innocents, *nous*
MOURONS innocents. (547)
(RAYNOUARD.)

379. *Le rubis* et *le caillou* SONT tous deux des pier-
res ; mais il y a grande différence entre elles. (148)
(SENTENCE PERSANE.)

580. *Le silence* et *la nuit* RÈGNENT dans leurs palais (*). (148)
(COLARDEAU.)

581. *Vite* et *bien* ne VONT jamais ensemble. (148)
(PROVERBE ITALIEN.)

582. *Patrocle* et *moi*, Seigneur , NOUS IRONS VOUS
venger. (149)
(RACINE.)

583. *Vous* et *les miens* AVEZ MÉRITÉ pis. (149)
(LA FONTAINE.)

584. Que *dis*-JE ? où *suis*-JE ? où *vais*-JE ? et d'où
suis-JE tiré ? (150)
(VOLTAIRE.)

ANALYSE. Le sujet *je* se place après le verbe *dis*, parce
que la phrase est interrogative.

585. « Je suis insensible , *disait* TÉLÉMAQUE ; à la
joie d'aller acquérir de la gloire. » (150)
(FÉNÉLON.)

(*) Les Sybarites.

586. « Guillot, *disait* un jour Lucas
    « D'une voix triste et lamentable,
    « Ne *vois*-tu pas venir là-bas
        « Ce gros nuage noir ? » (150)
(Florian.)

ACCORD DU PARTICIPE AVEC LE NOM.

587. Pérette, sur sa tête ayant *un pot* au lait
        Bien posé sur un coussinet,
Prétendait arriver sans encombre à la ville. (151)
(La Fontaine.)

Analyse. *Ayant* est invariable, parce que le participe présent ne prend ni genre ni nombre.—*Posé* est du masculin et du
singulier. Il s'accorde en genre et en nombre avec le nom *pot*,
parce que le participe passé, employé sans auxiliaire ou avec
l'auxiliaire *être*, suit les divers les règles d'accord de l'adjectif
avec le nom.

588. *Une parole* dite en son temps, vaut mieux
qu'un long *discours* dit trop tard. (151)
(Proverbe Anglais.)

589. *La loi* n'est pas faite pour l'homme de
conscience et d'honneur. (151)
(Richardson.)

590. Vois ces groupes d'*enfants* se jouant sous
                    l'ombrage. (11)
(Delille.)

591. *La destinée* d'un joueur *est* écrite en lettres
de sang sur les portes de l'Enfer. (151)
(Victor Ducange.)

592. *Il est* venu pour avoir de la laine, et *il* s'en
est retourné tondu. (151)
(Proverbe Italien.)

593. *Les bienfaits* mal placés ne sont pas des
                    bienfaits. (151)
(Ennius.)

594. Combien voyons-nous de *gens qui*, CONNAIS-
SANT le prix du temps, le perdent mal-à-propos !
(151)
(WAILLY.)

595. *Les robes* des avocats *sont* DOUBLÉES de l'en-
têtement des plaideurs. (151)
(PROVERBE ITALIEN.)

CHAPITRE II. —SYNTAXE DE COMPLÉMENT.

COMPLÉMENT DIRECT DES VERBES ACTIFS.

596. Pour moi, je *chanterai* LE MAÎTRE que j'adore.
(152)
(DE LAMARTINE.)

ANALYSE. *Le maître* est le complément direct du verbe
actif *chanterai*, parce que c'est sur ce mot que tombe directement l'action de *chanter*, et qu'il vient en réponse à la question *qu'est-ce que ?*

597. La fortune *offre* aux yeux DES BRILLANTS
mensongers. (152)
(RÉGNARD.)

598. Tout le monde *hait* UN INGRAT. (152)
(CICÉRON.)

599. Nous *inventons* tous les jours DES MODES ridi-
cules. (152)   (SÉNÈQUE.)

600. Tel vous semble *applaudir* qui vous *raille* et
vous *joue.*
Aimez qu'on vous *conseille* et non pas qu'on vous
loue. (153)
(BOILEAU.)

ANALYSE. Le complément *vous* se place avant le verbe *applaudir*, parce que c'est un pronom.

601. La cupidité vit au milieu de la société comme un ver destructeur au sein de la fleur qu'il *habite*, qu'il *ronge* et qu'il *fait périr*. (153)

(L'abbé Béraud.)

602. Lorsque Lubin me dit, pour se *faire encenser,*
Qu'il n'est qu'un ignorant en l'art de bien écrire,
    Il me le *dit* sans le *penser,*
    Je le *pense* sans le lui *dire.* (153)

(Anonyme.)

603. *Souviens*-toi de ce jour où j'épargnai ta vie. (153)

(La Harpe.)

Analyse. Il y a un trait-d'union entre *souviens* et *toi*, parce qu'à l'impératif le pronom complément, soit direct, soit indirect, se place après le verbe avec un trait-d'union.

COMPLÉMENT DES PARTICIPES.

604. C'est le seul bien qui me reste, *laissez-le-moi.* (153)

(La Harpe.)

605. Le pauvre suit le roi, toujours *tendant* la main,
Toujours *renouvelant* sa prière importune. (154)

(Florian.)

Analyse. *La main* est le complément direct du participe présent *tendant*, parce que les participes des verbes actifs ont aussi ce complément, qui empêche de confondre le participe présent avec l'adjectif verbal.

606. Sous le règne de César-Auguste, le fils d'un homme pauvre *ayant attiré* très souvent un dauphin avec des morceaux de pain qu'il lui jetait, cet animal conçut pour lui un attachement extraordinaire. (154)

(Pline.)

COMPLÉMENT DES PRÉPOSITIONS.

607. Fais tête *au* (*à* LE) MALHEUR qui t'opprime ;
Qu'une espérance légitime
Te munisse *contre* LE SORT.
L'air siffle, une horrible tempête
Aujourd'hui gronde *sur* TA TÊTE,
Demain tu seras *dans* LE PORT.

(J.-B. ROUSSEAU.)

ANALYSE. *Le malheur* est le complément de la préposition *à* renfermée dans *au*, parce que c'est le mot devant lequel elle est placée.

608. Ressemble *à* LA FOURMI *durant* LES JOURS d'été.
(155)

(SENTENCE ARABE.)

609. *Auprès de* NOS FOYERS notre ame recueillie
Goûte ce doux commerce *à* TOUS LES CŒURS si chers.
(155)

(DELILLE.)

610. Comme une porte tourne *sur* SES GONDS,
ainsi tourne le paresseux *sur* SON LIT. (155)

(PROVERBE DE SALOMON.)

611. O bienheureux celui qui peut *de* SA MÉMOIRE
Effacer pour jamais ce vain espoir *de* GLOIRE
Dont l'inutile soin traverse nos plaisirs,
Et qui, loin retiré *de* LA FOULE importune,
Vivant *dans* SA MAISON, content *de* SA FORTUNE,
A *selon* SON POUVOIR mesuré ses désirs ! (155)

(RACAN.)

COMPLÉMENT DES CONJONCTIONS.

612. Il ne faut pas *que* la reconnaissance LAISSE vieillir le bienfait. (156)　　　　　(CHARRON.)

ANALYSE. *Laisse* est le complément de la conjonction *que*, parce que c'est le verbe qui la suit.

613. Je crois *qu'il* VAUT mieux retenir les enfants par les motifs d'honneur et d'intérêt que par la crainte. (156)   (TÉRENCE)

614. Rien ne te sert d'être farine ,
Car *quand* tu SERAIS sac , je n'approcherais pas...
Il savait *que* la méfiance
EST mère de la sûreté. (156)
                                    (LA FONTAINE.)

615. L'adversité, *loin qu'*elle SOIT un mal, est souvent un remède contre la prospérité. (156)
                                    (MARMONTEL.)

616. *Que* l'Orient contre elle (Rome) à l'Occident
                                    S'ALLIE ! (156)
                                    (CORNEILLE.)

LIVRE SECOND.

SYNTAXE PARTICULIÈRE.

CHAPITRE I. — DU NOM.

GENRE.

617. Il y a de CERTAINES *gens* qui veulent si ardemment et si déterminément une certaine chose, que de peur de la manquer, ILS n'oublient rien de ce qu'il faut faire pour la manquer. (158)
                                    (LA BRUYÈRE.)

ANALYSE. L'adjectif *certaines* est au féminin , parce qu'il précède le mot *gens*.

618. O *gens* DURS ! vous n'ouvrez vos logis ni vos
                                    cœurs. (158)
                                    (LA FONTAINE.)

619. Tous les *gens* IRRÉSOLUS prennent toujours avec facilité les ouvertures qui les mènent à deux chemins. (158)   (Le cardinal DE RETZ.)

620. Les FAUX (*) HONNÊTES *gens* sont CEUX qui déguisent leurs défauts aux autres et à EUX-mêmes. Les VRAIS HONNÊTES *gens* sont CEUX qui les connaissent parfaitement et les confessent. (158)

(LA ROCHEFOUCAULD.)

621. TELLES *gens* n'ont pas fait la moitié de leur course
Qu'ils sont au bout de leurs écus. (158)

(LA FONTAINE.)

622. Il n'y a personne qui n'ait en soi *quelque chose* de BON , qui peut devenir EXCELLENT , s'il est CULTIVÉ. (158)   (SAINT ÉVREMONT.)

623. L'humanité est donc *quelque chose* de bien GRAND , puisqu'elle a été choisie pour être le réceptacle et l'image d'un Dieu. (158)   (VICTOR COUSIN.)

NOMBRE.

624. Sur les ruines de Palmyre
Le temps a promené sa faux;
Mais l'univers encore admire
Les PINDARES et *les* SAPHOS. (159)   (LE BRUN.)

625. Une chenille (en parlant du ver-à-soie)
Disait *des* MAIS , et puis *des* SI. (159)

(FLORIAN.)

626. Les richesses ne rappellent pas du tombeau *les* LAZARES ensevelis depuis quatre jours , mais elles empêchent *les* LAZARES mourants d'y descendre.(159)

(L'abbé POULLE.)

(*) Dans ce cas, *faux* est employé comme *tous*.

627. Heureux qui, dans ses vers, sait, d'une voix légère,
Passer *du* GRAVE *au* DOUX, *du* PLAISANT *au* SÉVÈRE   (159)
(BOILEAU.)

628. Au commencement Dieu créa les cieux et
la terre. Et la terre était sans forme et vide ; et *les*
TÉNÈBRES étaient sur la face de l'abîme. (159) (MOÏSE.)

629. O temps ! o MŒURS ! (159)   (CICÉRON.)

630. Dois-je (Andromaque) oublier Hector privé
de FUNÉRAILLES ? (159)
(RACINE.)

631. Et le financier se plaignait
Que les soins de la Providence
N'eussent pas au marché fait vendre *le* DORMIR ,
Comme *le* BOIRE et *le* manger. (159)
(LA FONTAINE.)

FORMATION DU PLURIEL DANS LES NOMS COMPOSÉS.

632. Je ne prends point pour vertus
Les noirs accès de tristesse
Des LOUPS-GAROUS revêtus
Des habits de la sagesse. (160)
(J.-B. ROUSSEAU.)

633. J'estime plus cela que la pompe fleurie
De tous *ces* FAUX BRILLANTS où chacun se récrie. (160)
(MOLIÈRE.)

634. *Mes* ARRIÈRE-NEVEUX me devront cet ombrage.
(160)
(LA FONTAINE.)

635. ... Il n'est point de fou qui, par de belles
raisons,
Ne loge son voisin *aux* PETITES-MAISONS. (160)
(BOILEAU.)

636. Venez, messieurs : je fais cent tours de PASSE-
PASSE. (160)

(LA FONTAINE.)

637. Les myrtes odorants, *les* CHEFS-D'ŒUVRE de
l'art. (160)

(FLORIAN.)

638. La bonne volonté doit passer pour *des* A-
COMPTES. (160) (PROVERBE ÉCOSSAIS.)

639. Tirons-nous de ces bois et de *ces* COUPE-
-GORGE. (160)

(MOLIÈRE.)

640. Le corbeau part à TIRE-D'AILES. (160)

(LA FONTAINE.)

CHAPITRE II. — DE L'ARTICLE.

EMPLOI DE L'ARTICLE.

641. La modestie est au mérite ce que les ombres sont aux figures dans un tableau : elle lui
donne DE LA *force* et DU *relief*. (161) (LA BRUYÈRE.)

ANALYSE. Je mets l'article composé *de la* avant le mot
force, parce que c'est un nom commun, employé dans un sens
partitif.

642. Je remercie les Dieux de ce qu'ils m'ont
donné DE *bons maîtres*. (161)

(L'empereur MARC-AURÈLE.)

643. Heureux! si, de son temps, pour cent bonnes raisons,

La Macédoine eût eu DES *Petites-Maisons*. (161)

(BOILEAU.)

644. En Allemagne on met DE LA *conscience* dans tout, et rien en effet ne peut s'en passer. (161)
(MAXIME ALLEMANDE.)

645. Ne dites pas DE *mal* de votre ami, ni même de votre ennemi. (161)　(DIOGÈNE LAERCE.)

646. Je ne vous ferai pas DES *reproches frivoles.*
(162)
(RACINE.)

647. Lisez LES philosophes *anciens* et LES philoso-phes *modernes.* (165)　(DOMERGUE.)

CHAPITRE III. — DE L'ADJECTIF.

ADJECTIFS QUALIFICATIFS.

648. Un homme mou n'est pas un homme, c'est une DEMI-*femme.* (164)　(FÉNELON.)

ANALYSE. L'adjectif *demi* est invariable, parce qu'il précède le nom *femme.*

649. Deux DEMI-*Dieux,* l'un fils et l'autre père. (164)
(LA FONTAINE.)

650. Saint Louis porta la couronne d'épines, NU-*pieds*, NU-*tête*, depuis le bois de Vincennes jusqu'à Notre-Dame. (164)　(WAILLY.)

651. Caton l'Ancien disait qu'il pardonnait toutes les fautes, EXCEPTÉ *les siennes.* (164) (PLUTARQUE.)

652. FEU *la* REINE Anne d'Autriche était une grande princesse. (165)　(RICHELET.)

653. Quelque gros partisan m'achètera bien CHER.
(166)
(LA FONTAINE.)

11.

654. *Ces chevaux* sont BAI-BRUN. (166)

(ACADÉMIE.)

ADJECTIFS DÉTERMINATIFS.

655. La flotte de Xerxès était composée de *douze-*
CENT *sept* galères. Chacune pouvait contenir *deux*
CENTS hommes. (167) (BARTHÉLEMY.)

ANALYSE. *Cent* est invariable, parce qu'il est suivi de l'adjectif numéral *sept.*

656. Voici *quatre*-VINGTS ans, plus ou moins, qu'un
  Vivait, chétif et pauvre..... (167) (curé
(SAINTE-BEUVE.)

657. Annibal marche vers Rome avec toutes ses
forces, et campe à *trois* MILLES de cette ville. (167)
(LÉVI.)

658. La Convention dura trois années, du 21
septembre MIL *sept* CENT *quatre-*VINGT-*douze* jusqu'au
26 octobre MIL *sept* CENT *quatre-*VINGT-*quinze.* (167)
(MIGNET.)

659. Gélon, roi de Sicile, était prêt à fournir
aux Grecs *deux* CENTS galères, *vingt* MILLE hommes
pesamment armés, *quatre* MILLE cavaliers et *deux*
MILLE archers. (167) (BARTHÉLEMY.)

660. La France se divise en *quatre-*VINGT-*sept* dé-
partements. (167) (VOSGIEN.)

661. .... CE SONT-là *jeux* de prince :
On respecte un moulin, on vole une province.
(168)
(ANDRIEUX.)

662. La vertu qui se fait le plus chérir, C'EST *l'hu-*
manité, (168) (MARMONTEL.)

663. Ce furent *les Phéniciens* qui, les premiers, inventèrent l'écriture. (168)   (Bossuet.)

664. *Turenne* paraît agir par des réflexions profondes, et *Condé* par de soudaines illuminations : celui-ci par conséquent plus vif, mais sans que son feu eût rien de précipité ; celui-là d'un air froid, sans jamais avoir rien de lent, plus hardi à faire qu'à parler. (169)   (Bossuet.)

665. Malheur à la nation où les jeunes gens ont déjà les vices des *vieillards*, et où ceux-ci retiennent encore tous les travers de la jeunesse. (169)
(Proverbe Persan.)

666. Certaines *personnes* n'apprennent jamais rien, parce qu'elles comprennent tout trop vite. (170)
(Swift.)

667. *Personne* n'est aussi heureux que vous. (170)
(Thomas Corneille.)

668. Si l'homme perd la santé, il ne jouit plus d'aucun *plaisir* au monde. (171)
(Bolingbroke.)

669. Nul n'est content de sa fortune,
Ni mécontent de son esprit. (171)
(Mme Deshoulières.)

670. Comment prétendons-nous qu'un autre garde notre secret, si nous ne pouvons le garder *nous-mêmes* ? (172)   (La Rochefoucauld.)

671. Les hommes médisants n'*épargnent* pas même leurs amis. (172)   (Racine.)

672. *Les animaux, les plantes* même, étaient au nombre des divinités égyptiennes. (172)
(Wailly.)

673. Justes, ne craignez point le vain pouvoir des
hommes ;

Quelque *élevés qu'*ils soient, ils sont ce que nous
sommes. (173)
(J.-B. Rousseau.)

674. Les paresseux ne font jamais que des gens
médiocres, en quelque *genre que* ce soit.   (173)
(Voltaire.)

675. Ah ! Quels que *soient les maux* dont la mort
nous délivre,

Montrons-nous, Marius, en osant encor vivre. (173)
(Arnault.)

676. Quelques (*) *grands avantages que* la nature
donne, ce n'est pas elle seule, mais la fortune avec
elle, qui fait les héros. (173)
(La Rochefoucauld.)

677. L'espérance, toute *trompeuse* qu'elle est,
sert au moins à nous mener à la fin de la vie par
un chemin agréable. (174)   (Le même.)

678. Stupide spectateur des *biens qui* t'environ-
nent,

O *toi, qui* follement fais ton Dieu du hasard !...
(175)
(Racine fils.)

679. Sully et Colbert eurent le courage, *la vi-
gueur d'ame, sans* laquelle on ne fit jamais ni beaucoup de bien ni beaucoup de mal dans un Etat. (175)
(Thomas.)

680. Le bonheur appartient à qui fait des heureux.
(175)
(Delille.)

(*) Dans ce cas, c'est par inversion que l'adjectif précède le
nom.

681. Si Rome a souvent même estimé mes ex-
ploits (Henri-le-Grand),
C'est à vous, ombre illustre (Coligny), *à vous*
QUE je le dois. (175)
(VOLTAIRE.)

682. *Chaque jour* suffit à SA peine. (176)
(PROVERBE DE NAPOLÉON.)

683. Je ne hais point *la vie,* et j'EN aime l'usage.
(176)
(CORNEILLE.)

684. *Paris* est beau, j'admire la grandeur *de* SES
bâtiments. (176)   (LHOMOND.)

CHAPITRE IV. — DU PRONOM.

EMPLOI DE QUELQUES PRONOMS.

685. Vous croyez-vous, *ma chère nièce,* un per-
sonnage important, parce que *vous* ÊTES NOURRIE
dans une maison où le roi va tous les jours ? (177)
(Mme DE MAINTENON.)

ANALYSE. Je mets *êtes* au pluriel, parce que *vous,* employé
pour *tu,* veut le verbe au pluriel; mais je laisse *nourrie* au
singulier, parce que l'adjectif ou le participe qui suit reste
au singulier.

186. Êtes-vous *Andromaque ?* Je LA suis. —Sont-
ce là *vos gens ?* Ce LES sont. (177)   (RESTAUT.)

687. Une reine (Marie-Thérèse d'Autriche), si
grande par tant de titres, LE devenait tous les jours
par les grandes actions du roi. (177)   (BOSSUET.)

688. Les hommes *fourbes* croient aisément que
les autres LE sont. (177)   (LA BRUYÈRE.)

689. Les choses ne *se succèdent* point comme nous LE désirons. (177)   (MALHERBE.)

690. *La raison* tient de la vérité, elle est une : l'on n'Y arrive que par un chemin, l'on s'EN écarte par mille. (178)   (LA BRUYÈRE.)

691. La philosophie est, à vrai dire, un mal de pays, un effort que l'*on* tente pour retourner chez soɪ. (179)
(NOVALIS.)

692. *On* n'est pas toujours JEUNE et JOLIE. (180)
(ACADÉMIE.)

693. INSCRIPTION SUR LA PORTE D'UN CIMETIÈRE.

Ici l'*on* est ÉGAUX. (180)   (GIRAULT-DUVIVIER.)

694. Pour exécuter de grandes choses, il faut vivre comme *si* l'ON ne devait jamais mourir. (180)
(VAUVENARGUES.)

695. Les rivières sont des chemins qui marchent, et qui portent *où* L'ON veut aller. (180)
(PASCAL.)

696. On reçoit l'homme suivant l'habit qu'il porte, *et* ON *le* reconduit suivant l'esprit qu'il a montré. (180)   (PROVERBE RUSSE.)

CHAPITRE V. — DU VERBE.

ACCORD DU VERBE AVEC SON SUJET.

697. *La gloire* ou *le mérite* de certains hommes EST de bien écrire ; de quelques autres, c'est de n'écrire point. (181)   (LA BRUYÈRE.)

Analyse. Je mets le verbe *est* au singulier, parce que le sujet se compose des noms *la gloire* et *le mérite* unis par la conjonction *ou.*

698. *La douceur, la bonté* du grand Henri a été célébrée de mille louanges. (181)   (Pélisson.)

699. Patrie, états, parens, *tout* est perdu pour moi.
(181)
(Voltaire.)

700. Ses charmes, son époux, ses jours, *rien* ne l'arrête. (181
(Legouvé)

701. *L'un et l'autre,* à ces mots, ont levé le poignard.
(182)
(Voltaire.)

702. *L'un ou l'autre* de nous doit périr en ces lieux.
(182)
(Lefranc.)

703. *Ni l'aveugle hasard, ni l'aveugle matière*
N'ont pu créer mon ame essence de lumière. (182)
(Le Brun.)

704. *Ni mon grenier ni mon armoire* (la fourmi)
Ne se remplit à babiller. (182)
(La Fontaine.)

705. *Une trop grande négligence,* comme une excessive parure dans les veillards, multiplie leurs rides et fait mieux voir leur caducité.(172) (La Bruyère.)

706. *Gagner* ce qu'on peut et *tâcher* d'utiliser ce qu'on gagne, c'est la vraie pierre philosophale. (182)
(Maxime Française.)

ACCORD DU VERBE AVEC LES NOMS COLLECTIFS.

707. *La société* des hommes vertueux ne dure ici-bas qu'un moment. (188) (Poésies Orientales,)

708. La plupart *des hommes* se souviennent mieux des services qu'ils rendent , que de ceux qu'ils reçoivent. (183)   (Scudéri.)

709. Combien de grands *seigneurs* sont bustes en ce point. (183)

(La Fontaine.)

710. Tous les hommes mangent, mais *peu* se rassasient. (173)   (Proverbe Chinois.)

COMPLÉMENT DES VERBES.

711. Le cor, pour éveiller les châteaux d'alentour,
Frappe et *remplit* les airs de bruyantes fanfares.(184)

(Roucher.)

EMPLOI DES AUXILIAIRES.

712. Le trait a *parti* avec impétuosité. — Les troupes sont *parties* pour six mois. (185)

(Académie.)

EMPLOI DES TEMPS DE L'INDICATIF.

713. L'essieu *crie* et se *rompt ;* l'intrépide Hippolyte
Voit voler en éclats tout son char fracassé. (186)

(Racine.)

714. Bias disait que l'homme véritablement malheureux *est* celui qui ne *sait* pas supporter le malheur. (187)   (Diogène Laerce.)

715. Ulysse, votre père, *vint* me trouver dans un temps où je (Philoctète) ne pouvais me consoler d'avoir perdu le grand Alcide. (188)

(Fénelon.)

EMPLOI DU CONJONCTIF.

716. *Je ne crois pas* qu'il PUISSE y avoir de vraie amitié entre des personnes qui ne sont pas vertueuses.
(192)
(WAILLY.)

717. *Que vouliez-vous* qu'il FÎT contre trois ? —
Qu'il mourût. (191)
(CORNEILLE.)

718. Il est aussi difficile de trouver un homme vain *qui* se CROIE assez heureux, qu'un homme modeste *qui* se CROIE trop malheureux. (192)
(LA BRUYÈRE.)

719. Chacun, dans son état, *quelque* heureuse qu'en PAROISSE la destinée, trouve des amertumes qui en balancent toujours les plaisirs. (192)
(MASSILLON.)

720. *Quels que* SOIENT les humains, il faut vivre avec eux :
Un mortel difficile est toujours malheureux. (192)
(GRESSET.)

721. Sans la langue, en un mot, l'auteur le plus divin
Est toujours, *quoi qu'il* FASSE, un méchant écrivain. (192)
(BOILEAU.)

———————

CONCORDANCE DES TEMPS DU CONJONCTIF AVEC CEUX DE L'INDICATIF ET DU CONDITIONNEL.

722. *Il ne faut* qu'un instant *pour que* l'eau se RETIRE. (193)
(FLORIAN.)

Analyse. Je mets *retire* au futur du conjonctif, parce que je veux exprimer le futur, et que le premier verbe est au présent de l'indicatif.

723. Comportez-vous envers votre père et votre mère comme *vous voudriez que* vos enfants se comportassent envers vous. (193)   (Isocrate.)

724. On *dirait que* pour plaire, instruit par la nature,

Homère ait à Vénus dérobé sa ceinture. (193)
    (Boileau.)

725. Tout gouvernement *était* vicieux *avant que* la suite des siècles, et, en particulier, le christianisme, eussent adouci et perfectionné l'esprit humain.
(193)
    (Terrasson.)

EMPLOI DE L'INFINITIF.

726. Parbleu! de ton moulin c'est bien être entêté ;
Je suis bon *de* vouloir t'engager *à* le vendre :
Sais-tu que *sans* payer je *pourrais* bien le prendre?
(194)
    (Andrieux.)

LETTRES EUPHONIQUES DANS LES VERBES.

727. Mais dans cet âge antique, appelé l'âge d'or,
Jamais *a-t-il* (l'homme) de sang rougi sa bouche impure ? (195)
    (Desaintange.)

728. Cherches-*en* le fin, trouve-s-*y* ton compte.
—Cherche *en* lui ce que tu ne peux trouver dans un autre. (195)   Vaugelas.)

CHAPITRE VI. — Du Participe.

PARTICIPE PASSÉ ACCOMPAGNÉ DU VERBE AUXILIAIRE *Avoir*.

729. *La* plus noble *conquête que* l'homme *ait* jamais FAITE, est celle du cheval. (196) (BUFFON.)

ANALYSE. Le participe passé *faite* est accompagné de l'auxiliaire *avoir*. Il est du féminin et du singulier, parce qu'il s'accorde avec le nom *conquête*, son complément direct, dont il est précédé.

730. J'ai réparé *les maux qu'avait* FAITS un grand homme. (196)
(DE JOUY.)

731. Quelle *guerre* intestine *avons*-nous ALLUMÉE !
(196)
(RACINE.)

732. Que de *pleurs* sa main bienfaisante *a* ESSUYÉS!
(196)
(FLÉCHIER.)

733. De qui *nous a* SERVIS la vue est importune.
(196)
(Mme DESHOULIÈRES.)

734. Vous, les maîtres des nations, vous *vous êtes* RENDUS les esclaves des hommes frivoles que vous avez vaincus. (197)   (J.-J. ROUSSEAU.)

735. Mazaël, tu *m'as* (Solomé) VUE, avec inquiétude,

Traîner de mon destin la triste incertitude. (198)
(VOLTAIRE.)

736. Je *l'ai* (Joas) VU: son même air, son même habit de lin. (199)
(RACINE.)

737. La meilleure manière de se venger d'une *injure*, c'est de ne point ressembler à celui qui *l'a* FAITE. (199) (MARC-ANTOINE.)

738. Je ne parlerai point du peu de *capacité* que j'ai ACQUISE dans les armées. (200) (VERTOT.)

739. En considérant *le peu* de progrès qu'on *avait* FAIT de part et d'autre dans cette campagne, on devait s'attendre à voir traîner la guerre en longueur. (200)
(SUARD.)

740. Nous sommes trop heureux, vous de m'a-*voir* PROCURÉ *l'occasion* de faire du bien, moi de ne l'avoir pas LAISSÉ *échapper*. (201) (VELLY.)

741. Ils sont nés, ils sont morts : Seigneur, *ont-*ils VÉCU? (201)
(DE LAMARTINE.)

742. Je vous ai rendu tous les services que j'ai PU (vous *rendre*). (201)
(RESTAUT.)

743. Saturne eut trois fils qui *se sont* PARTAGÉ *le domaine* de l'univers. (201) (BARTHÉLEMY.)

744. Louis-le-Grand a fait lui seul plus d'exploits que les autres n'*en ont* LU. (201) (BOILEAU.)

745. Les affaires *que* vous *avez* PRÉVU *que* vous auriez.
(201)
(BEAUZÉE.)

746. Vous avez entendu parler de la disette qu'*il y* a EU pendant l'hiver. (201) (D'OLIVET.)

747. Une effroyable voix alors *s'est* FAIT *entendre*.
(201)
(RACINE.)

748. Ne m'a-t-il pas caché le sang qui *m'a* (Zaïre) *fait naître* ?
(VOLTAIRE.

CHAPITRE VII. — De l'Adverbe.

EMPLOI DE QUELQUES ADVERBES.

749. Un sot peut faire PLUS *de* questions en une heure, qu'un homme de sens n'en peut résoudre en un an. (222)   (Proverbe Anglais.)

Analyse. Je mets *plus,* et non pas *davantage,* parce que ce dernier ne peut être suivi de la préposition *de.*

750. Plus enclin à blâmer *que* savant à bien faire.
(202)
(Boileau.)

751. Les livres , disait Alphonse, sont parmi mes conseillers ceux qui me plaisent *le plus.* (202)
(Wailly.)

752. Rome , *près de* succomber , se soutint principalement durant ses malheurs , par la constance et la sagesse du sénat. (203)   (Rollin.)

753. Du sang que j'ai versé je suis *prêt à* répondre.
(203)
(De Jouy.)

754. Leur roi nommé Ratapon
Mit *en campagne* une armée. (204)
(La Fontaine.)

755. .... Chacun fait des châteaux en Espagne ;
On en fait à la ville , ainsi qu'*à la campagne.* (204)
(Collin d'Harleville.)

756. Les choses les plus souhaitées n'arrivent point, *ou*, si elles arrivent, ce n'est ni dans le temps, ni dans les circonstances *où* elles auraient fait un extrême plaisir. (205   ' La Bruyère.)

757. *Là*, de tous les humains l'oreille entend *la* voix;
C'est *là* que nuit et jour veille *la* Renommée. (205)

(DE SAINT-ANGE.)

CHAPITRE VIII. — DE LA PRÉPOSITION.

EMPLOI DE QUELQUES PRÉPOSITIONS.

758. Hélas ! AVANT *ce jour* qui perdit ses neveux

(Adam),

Tous les plaisirs couraient au-devant de ses vœux.

(206)
(BOILEAU.)

ANALYSE. Je mets *avant* et non *auparavant*, parce que le complément *ce jour* l'exige.

759. Il (Hippolyte) était sur son char; ses gardes affligés

Imitaient son silence, AUTOUR *de lui* rangés. (206)

(RACINE.)

760. A TRAVERS *deux mille ans* (l'histoire) applaudit un grand homme. (207)

(LEGOUVÉ.)

761. AU TRAVERS *des périls* un grand cœur se fait jour. (207)

(RACINE.)

762. Chez les Persans, on enferme le criminel ENTRE *deux auges* de grandeur d'homme. (208)

(BOINVILLIERS.)

763. Il est plus d'une gloire. En vain aux conquérants

L'honneur PARMI *les rois* donne les premiers rangs.

(207)
(BOILEAU.)

764. Savoir et sentir, *voilà* toute l'éducation. (209)
(Mme DE STAEL.)

765. M'y voici : je découvre un petit bout d'o-
reille. (209)
(LE BAILLY.)

766. Il *a* dit ses parens, mère! c'est *à* cette heure...
(210)
(LA FONTAINE.)

CHAPITRE IX. — DES SIGNES.

APOSTROPHE.

767. Que L'*avare* ne regarde pas les biens QU'*il*
reçoit de Dieu comme une faveur, PUISQU'*ils* cause-
ront son malheur. (211)   (CORAN.)

ANALYSE. Je mets une apostrophe après *l*, parce qu'on retranche *e* dans les mots *le* et *que* devant une voyelle.

768. Si ce N'*est* toi, c'est donc ton frère. —
Je N'*en* ai point. — C *est* donc QUELQU'*un* des tiens.
(211)
(LA FONTAINE.)

769. Il faut être docile LORSQU'*on* nous reprend.
(211)
(RIVAROL.)

770. Qui parle d'offenser GRAND'*mère*, ni grand-père?
(MOLIÈRE.)

771. QUOIQU'*il* N'*y* ait rien de si naturel à L'*homme*
que D'*aimer* et de connaître la vérité, il N'*y* a rien
QU'*il* aime moins et QU'*il* cherche moins à connaître.
(211)
(FLÉCHIER.)

772. Ces combles **ENTR'***ouverts*, ces lugubres ca-
veaux. (211)
(DELILLE.)

773. La **PRESQU'***île* du Jutland est contiguë à
l'Allemagne. (211) (ENCYCLOPÉDIE.)

774. Ce torrent, s'*il* m'entraîne, ira tout inonder.
(211)
(RACINE.)

———————

PONCTUATION.

775. Nuit, — Discorde,— Fureur, — Parques, —
Monstres, — Cerbère..... (213)
(LONGEPIERRE.)

ANALYSE. Je mets une virgule entre *Nuit* et *Discorde*, parce
que ce sont des mots de même espèce, et qu'ils ne sont pas
unis par une des conjonctions *et*, *ou*, *ni*.

776. Dans un chemin montant, — sablonneux,
— mal-aisé. (213)
(LA FONTAINE.)

777. La foudre éclate, — tombe. (213)
(SAINT-LAMBERT.)

778. L'humble genêt, — le jasmin plus aimé.
(213)
(PARNY.)

779. Et les murs et les champs, — et les bois et
les monts. (213)
(ROUCHER.)

780. Ici le char de Mars, — là celui de Bellone.
(213)
(CORNEILLE.)

781. Il (le fantasque) pleure, — il rit, — il
badine, — il est furieux. (215) (FÉNELON.)

782. La pourpre de sa crête, — et l'émail de ses
ailes. (213)
(DELILLE.)

783. C'est le prix des sueurs, — et ce prix est sacré.
(213)
(LE FRANC DE POMPIGNAN.)

784. Le flot qui l'apporta, — recule épouvanté.
(RACINE.)

785. Le temps, — qui change tout, — change
aussi nos humeurs. (213)
(BOILEAU.)

786. La morale, — nous dit Euclide, — n'était
autrefois qu'un tissu de maximes. (213)
(BARTHÉLEMY.)

787. Oui, — chers amis, — leur dis-je, — oui,
— troupe magnanime. (213)
(LAFOSSE.)

788. Sa mort (le papillon) fut un sommeil, et sa
tombe, — un berceau. (213)
(DELILLE.)

789. Saint-Étienne est engloutie dans une vallée
profonde et triste ; — Saint-Étienne est aussi la ville
aux sept colonnes. (214)   (JULES JANIN.)

790. Cieux, écoutez ma voix; — terre, prêtez
l'oreille....
Pleure, Jérusalem ; — pleure, cité perfide. (214)
(RACINE.)

791. En voyant le palais, ils diront :— il fut grand;
En voyant la chaumière, ils diront : — il fut
juste. (215)
(FLORIAN.)

792. Je pense : — ma pensée atteste plus un Dieu
Que tout le firmament et ses globes de feu. (215)
(LE BRUN.)

793. Aimer, prier, chanter, : — voilà toute ma
vie. (215)
(DE LAMARTINE.)

794. Il n'y a que trois classes d'hommes : — les ré-
trogrades, les stationnaires, et les progressifs. (215)
(LAVATER.)

795. Il paraît (le chevalier); tout frissonne : —
il combat; tout s'enfuit. (215)
(AIMÉ-MARTIN.)

796. Un bruit s'entend...... — l'air siffle..... —
l'autel tremble.... (216)
(MALFILATRE.)

797. Une partie de la nation soumise à l'autre
supportait une foule de droits appelés féodaux. —
(217)
(THIERS.)

798. Fut-il jamais de lois sans un législateur? —
(218)
(RACINE fils.)

799. Ah ! que ce temps est long à mon impa-
tience ! — (219)
(RACINE.)

800. O mon fils ! — ô ma joie ! — ô l'espoir de
mes jours ! — (219)
(CORNEILLE.)

801. A tous les cœurs bien nés que la patrie est
chère ! — (219)
(VOLTAIRE.)

FIN DES EXERCICES.

NOMS DES AUTEURS

D'Aguesseau. —Aimé-Martin. — D'Alembert. — Ammianus. — J.-J. Ampère. — Andrieux. — Anquetil. — Marc-Antoine. — A.-V. Arnault. — D'Avrigny. — Félicie d'Ayzac. — Le Bailly. — Ballanche. — Baour-Lormian. — Barbe. — Barthélemy. — Beauzée. — Du Belloi. — Belmontet. — J.-P. de Béranger. — l'abbé Béraud. — Bérenger. — Bergasse. — Bernardin de Saint-Pierre. — Le cardinal de Bernis. — Blanchard. —Félix Bodin. — Boileau-Despréaux. — Boinvilliers. — Boisard. — Boisjolin. — Bolingbroke. — Bossuet. — Bourdaloue. — Bret. — La Bruyère. — Buffon. — Lord Byron. — Cailli. — Callisthènes. — Campenon. — Don Barthélemy de Las Casas. — Castel. — César. — Charron. — Châteaubriand. — Chaulieu. — Chênedollé. — Chilon. — La reine Christine. — Cicéron. — Coffin. — Colardeau. — Colbert. — Collin d'Harleville. — Christophe Colomb. — Condillac. — Confucius. — Pierre Corneille. — Thomas Corneille. —Victor Cousin. — Crébillon. — David. — Casimir Delavigne. — Delille. — Démocrite. — De Saintange. — Madame Deshoulières. — Desmahis. — Destouches. — Diderot. — Diogène Laërce. — Domergue. — Dorion. — Gustave Drouineau. —Victor Ducange. — Ducis. — Duclos. — Ennius. — Esménard. — Euripide. — Fénélon. — Le Filleul des Guerrots. — Fléchier. — Florian. — La Fontaine. — De Fontanes. — Fontenelle. — La Fosse. — Franklin. — Frayssinous. —

Gilbert. — Girault-Duvivier. — Goldsmith. — Gosse. — Gresset.
— Guichard. — Al. Giraud. — Guizot. — La Harpe. — Helvétius. — Hésiode. — Hoffman. — Homère. — Horace. —
Victor Hugo. — Isaïe. — Isocrate. — Jules Janin. — Le chevalier de Jaucourt. — Jérémie. — Job. — Madame Joliveau. —
De Jouy. — Juvénal. — Kératry. — Lacépède. — De Lamartine. — Lamotte. — Lavater. — Lebrun. — Lefranc. — Legouvé. — Lemière. — Lesage. — Lévi. — Le duc de Lévis. —
Lhomond. — Le prince de Ligne. — Linière. — Le P. Lombard.
— Longepierre. — Mainard. — Madame de Maintenon. —
Malfilâtre. — Malherbe. — Malleville. — L'empereur Marc-
Aurèle. — Marmontel. — Massillon. — Le cardinal Maury.
— Michaud. — Mignet. — Millevoye. — Milton. — Moïse.
— Molière. — Montaigne. — Montesquieu. — Alfred de
Musset. — Napoléon. — Nioche. — Novalis. — D'Olivet.
— Osée. — Ovide. — Oxenstiern. — Parny. — Pascal.
— G. Pauthier. — Pavillon. — Pélisson. — Pesselier.
— Piron. — Platon. — Pline l'Ancien. — Plutarque. — Jean
Polonius. — Le Franc de Pompignan. — Gaspard de Pons. —
Pougens. — L'abbé Poulle. — De Pradt. — Quinte-Curce. —
Quintilien. — Racan. — Racine. — Racine fils. — Rapin. —
Raynal. — Raynouard. — Regnard. — Régnier Desmarest.
— Régnier. — Restaut. — Le cardinal de Retz. — Richardson.
— Richelet. — Richer. — Rivarol. — La Rochefoucauld. —
Rollin. — La Romiguière. — Roucher. — J.-B. Rousseau. —
J.-J. Rousseau. — Rulhière. — Sainte-Beuve. — Saint-Evremont. — Saint-Lambert. — Madame de Saint-Ouen. — Saint-
Réal. — De Saint-Victor. — Salluste. — Salomon. — Saurin. —
Scudéri. — Le comte de Ségur. — Sénèque. — Madame de
Sévigné. — Shakespeare. — J.-B.-A. Soulié. — Madame de
Staël. — Suard. — Swift. — P. Syrus. — Le Tasse. — Térence. — Terrasson. — Thalès. — Théophraste. — Théry. —
Théveneau. — Augustin Thierry. — Thiers. — Thucydide. —
Tite-Live. — Thomas. — Vaugelas. Vauvenargues. — Velly. —
Vertot. — Alfred de Vigny. — Villemain. — P. Viliers. —
Virgile. — Voltaire. — Volney. — Vosgien. — Wailly. —
Xénophon. — Zacharie.

Extrait du Catalogue.

L'*Instituteur*, journal des écoles primaires. Prix. 10 »
Journal général de l'Instruction publique....... 30 »
Code de l'Instruction primaire, 1 vol. in-18....... 1 50
Manuel de l'Enseignement simultané............. 2 »
Manuel de l'Enseignement mutuel................ 2 »
Manuel classique de lecture (réd. conformément
   à la loi du 28 juin), par P. F. Putot (3 parties)... » 90
Cours d'Écriture en 10 leçons, par A.-G. Taupier
   adopté par l'Université. Prix de l'ouvrage gravé. 4 »
— Les mêmes, 4 tableaux autographiés, 22 modèles 1 »
Grammaire de Lhomond, nouvelle édition, mise au
   niveau des connaissances actuelles, in-12, car... » 60
— La même, édition ordinaire, in-12............. » 40
Nouvelle petite Grammaire, par A. Bonnaire, (rédi-
   gée conform. à la loi du 28 juin) 1 v. in-18, cart. » 60
Manuel des Synonymes français, par A. Bonnaire. 1 50
Exercices des Synonymes français, par le même. 1 50
— *Corrigé des mêmes*..................... 2 »
Géographie moderne, (rédigée confor. à la loi du
   28 juin) in-18, cart..................... » 75
Dictionnaire de l'Académie, 2 v. in-4°.......... 18 »
Ancien Testament (rédigé conformément à la loi
   du 28 juin), 1 vol. in-18, cartonné............. » 75
Nouveau Testament (rédigé conformément à la
   loi du 28 juin), 1 vol. in-18, cartonné......... » 75
Petit Catéchisme historique de Fleury, in-18..... » 25
Histoire sainte (l'), mise à la portée des enfans.... 2 »
Petite Arithmétique (rédigée conform. à la loi du 28
   juin), adoptée par l'Université, 1 v. in-18 cart... » 60
Traité des poids et mesures (rédigé conformément
   à la loi du 28 juin), 1 vol. in-18, cart.......... » 30
Traité de Morale, par un membre de l'Université, 1 50
Catéchisme politique et moral, 1 vol. in-18....... 1 »
Leçons primaires de Littérature et de Morale.... 1 50
   Prose et Poésie, par A. Bonnaire, 1 vol. in-18... 1 50
Fables de La Fontaine, 1 vol. in-18, cart........ » 50
Robinson Crusoé, 1 vol. in-18, cart............. » 60
Découvertes et Inventions, 1 vol. in-18, cart...... » 60
Premières connaissances, 1 vol. in-18, cart....... » 30
Bibliothèque de l'Instituteur primaire, 25 v. in-18. 25 »
Bibliothèque primaire, 25 vol. à 2 s., 3 s. cartonnés.
Bibliothèque supérieure, (tous les classiques fran-
   çais, in-18 à 1 fr. le volume).